へぇ〜
そうなのか！

黒田官兵衛のことがマンガで3時間でわかる本

津田太愚 著
つだゆみ マンガ

武力だけでは生き残れない！

戦国の世を知謀で生き、策略で動かした軍師

黒田官兵衛の一生がわかる

はじめに

孫子の兵法に「戦わずに勝つが最上の策」とある。「戦って勝つ」これは当たり前だ。戦いには、3つの策がある。上策は「戦わずに勝つ」、中策は「戦って勝つ」、下策は「負ける」ことだ。

黒田官兵衛は「戦わずに勝つ」を実践した男だった。

官兵衛の盟友、竹中半兵衛は「戦いは、やるものではなく、知るものだ」と言った。つまり、まず戦いに勝つプログラムを作る。「ここを、こうこうやればよい」。戦いは「確認の作業」なのだ。

秀吉は官兵衛に「干戈《かんか》を交えず」と命じた。「戦闘をしないで、勝つ方法はないか」という意味だ。官兵衛が秀吉の元に長くいたのは、秀吉の考え方が自分にいちばん近かったからだろう。

力と力でせめぎあう戦国時代。官兵衛の知略、奇策、説得術は際立っている。それゆえ、危険人物として、秀吉からも警戒された。それを察知した官兵衛はいち早く出家。中央から退く。

それこそ「戦わずして勝つ」という人生の戦略だったかもしれない。

官兵衛は1年以上土牢に閉じ込められ、生き抜くことこそ人生の勝利と考えたのではないだろうか。

官兵衛ほど、命を大事にした武将はいない。彼は部下をひとりも死罪にしなかったという。「命を大事にしろ。重大な犯罪を起こさないようにしてやることが大事だ」と言い、まず規則を作った。

官兵衛＝軍師という捉え方があるが、ただの戦略家ではない。時代を見据える「大局観」をもった人物だった。

官兵衛はとても魅力のある男だ。吉川英治、司馬遼太郎、松本清張、池波正太郎、坂口安吾、多くの作家が小説を書いている。それを味わうのもいいだろう。

この本を読んでくださいました皆さんありがとうございます。この本の制作にあたった皆さん、ありがとうございます。明日香出版社の石野栄一社長、編集の末吉喜美さん、デザインの小山弘子さん、天才工場の吉田浩さん、マンガを描いてくれたゆみさん、すべての方々に感謝いたします。

第1章 官兵衛の時代を大づかみ

軍師あり、武将あり、戦国絵巻の魅力がいっぱい。
これだけでも全体像がわかる

第2章　官兵衛誕生

父とともに、地方の豪族、小寺家の家臣になる。小寺は、毛利と織田の2大勢力に挟まれていた

第3章　信長時代

どっちつかずの城主を説得して、信長政権へ参加する

第4章　絶体絶命の時代
新木村重の謀反にあい、土牢に閉じ込められる

第7章 天下はもうすぐ 秀吉の九州攻めで、官兵衛は豊前に支配地をもらう

目次　黒田官兵衛のことがマンガで3時間でわかる本

第8章 朝鮮出兵が命取り

秀吉が死んで、また天下争乱か？

第10章　官兵衛の生き方
戦わずに勝つ。戦ったら勝つ。そのために考える

編　集　㈱天才工場
装　丁　若林　繁裕
イラスト　つだ　ゆみ
DTP　小山　弘子

第1章

官兵衛の時代を大づかみ

——軍師あり、武将あり、戦国絵巻の魅力がいっぱい。
これだけでも全体像がわかる

1

戦国時代の後半を生きた人物だ

早ければ、天下を取れたかもしれない——

●戦国時代の後半を生きた官兵衛

まず、時代を大づかみしてみよう。室町幕府は末期、戦国時代が始まる。サムライの多くが土地にしがみつき、「一所懸命」と言われた。「一生懸命」の語源だ。

戦国時代の中ほどに織田信長が現れ、天下取りに動き出す。まだ群雄割拠《ぐんゆうかっきょ》の時代だ。多くの武将が全国にひしめいている。今回の主人公黒田官兵衛は「織田信長こそ天下人になる」と考えていた。

秀吉の参謀として多くの戦いに参陣する。そして、関ヶ原の戦いを最後に生涯を終える。

「戦国時代の後半、秀吉とともに生きた人」だ。知略に富み、もっと早く生まれていれば、天下を取れたかもしれない。

●壮年までは播磨《はりま》の国の人だ

官兵衛の主な活躍の場は播磨の国（兵庫県西南部）で、壮年までここに拠点を置いた。

播磨は対立する中国の毛利と摂津《せっつ》（大坂）の織田に挟まれ、どっちつかずではどちらかにつぶされる地勢にあった。

当主小寺政職はもともと毛利派だったが、天下人は織田と考えていた官兵衛は政職を織田に引き込もうとする。

後年は九州の豊前中津城に入る。秀吉から九州征伐の恩賞として豊前6カ国をもらい受けた。

●作戦参謀の時代

戦国時代の初め、軍師と言えば「軍配師」、つまり宗教家の時代だ。武田の山本勘助、今川の太原崇孚《たいげんすうふ》、毛利の安国寺恵瓊《あんこくじえけい》、徳川の南光坊天海など、みな宗教家だった。戦いの時刻や方角、軍の位置、吉凶を占い、首実検も行った。

戦国時代の後半になるにつれて「作戦参謀」としての軍師に変わっていく。

黒田官兵衛の生きた時代

戦国時代

1546　黒田官兵衛、姫路城で生まれる

1567　播州小寺氏に仕える
御着城の若き家老になる　22歳

父・黒田職隆

安土桃山時代

1581　秀吉の参謀になる
鳥取城（吉川経家）の兵糧攻め

1582　秀吉と中国制圧へ
備中高松城（清水宗治）の水攻め
本能寺の変
山崎の戦い　明智光秀を破る

秀吉の天下へ

1585　四国攻め

1586　九州攻め

1587　豊前6郡を賜る

1592～98　文禄・慶長の役（朝鮮出兵）

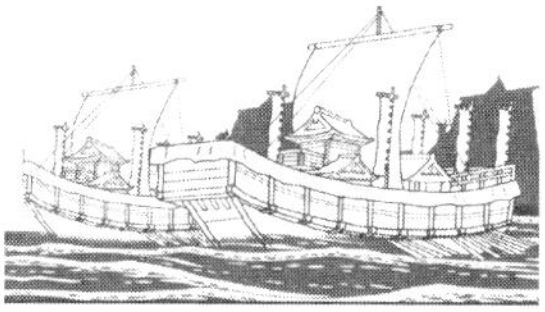

出家して黒田如水となる

1600　関ヶ原の戦い
官兵衛は九州平定をめざす
石垣原の合戦

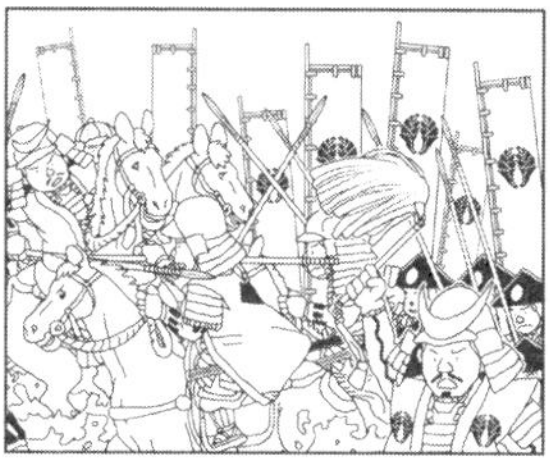

江戸時代

1603　江戸幕府が開かれる

1604　死亡　59歳

徳川家康

小寺政職、秀吉に仕える

秀吉に仕えて大出世する

●小寺政職《こでらまさもと》に仕え、小寺官兵衛と名乗る

官兵衛の生まれる前、父職隆《もとたか》は播磨の国に流れてきた。祖父とともに職隆は御着《ごちゃく》城の小寺政職に仕官する。

小寺政職には3000くらいの家臣がおり、みな土豪（小豪族）だ。黒田は近江《おうみ》源氏の流れだし、金もあるし家臣もいる。政職は喜んで出仕を受け入れた。政職のすすめで縁組みも行われ、生まれたのが官兵衛だ。

官兵衛は成長し、若き家老になった。そこで「小寺官兵衛」を名乗った。政職の縁で妻をめとり、子に松《しょう》壽丸《じゅまる》（長政）ができた。のちに織田信長に人質を求められたとき、政職は自分の子を出すことをしぶる。官兵衛は大事な息子松寿丸を差し出した。

●秀吉の参謀となり、天下取りをさせる

政職の家老となり、発言力も増していった官兵衛は「次に天下を取るのは信長でしょう」と進言し、自ら秀吉のもとに「名簿《みょうぶ》」を持って参上する。

名簿とは家臣のリストで、味方の人数や武器なども書いてある。

秀吉は戦国武将にしては珍しく明るいキャラクターだ。農民から足軽を経て、武将になった。

官兵衛は仕えていた御着城が崩壊したあと、正式に秀吉に仕官する。

備中高松城の水攻めのとき、本能寺の変が起きる。信長の死を知り肩を落としている秀吉に官兵衛は「殿、これは天運ですぞ。天下はあなたのものです」とささやいたという。

ここからかの中国大返し、山崎の戦い、賤ヶ岳《しずがたけ》、と秀吉は天下取りに走った。

さらに四国征伐、九州征伐、小田原城陥落をやってのける。

朝鮮出兵で官兵衛は二度渡海する。そのさなか、秀吉は生涯を終えてしまう。官兵衛は秀吉の補佐として、多くの戦いを演出したのだ。

22歳で播州・御着城の家老になる
城主は小寺政職《まさもと》
官兵衛のいる播磨は2大勢力に挟まれてしまった
近畿一帯
織田
中国地方
毛利
どちらに付くべきか…
織田に付くべきです
織田信長は天下を取る勢い
しかし気弱な小寺政職は毛利に寝返る
その後官兵衛は秀吉の参謀になり数々の合戦を勝利に導いた

3 父は目薬を売って米代を稼いでいた

父結婚後、1年で長男官兵衛が生まれる

●父・職隆《もとたか》は目薬屋で儲けた

官兵衛の父・職隆は父親（官兵衛のおじいさん）とともに姫路城を居城にした。姫路城は小寺氏の支城だが、「空き城」とか、「捨て城」といわれ、つまりだれも使っていなかった。祖父重隆は米代稼ぎに家伝の「目薬」を作って売ることにした。

のちに、官兵衛が周りの武将から「目薬屋のセガレ」といわれたのは、このためだ。

職隆は目薬で儲けた金で家臣を募った。職隆は小寺氏に仕官し、城主小寺政職のすすめで結婚をする。そこで生まれたのが官兵衛だ。母親は明石氏の人だ。

関ヶ原の戦いのとき、官兵衛の息子・長政は明石全《てる》登《ずみ》という武将を助けた。長政と全登はハトコ（またイトコ）にあたる。官兵衛の指示だったという。

●長政は英才教育をたたきこまれた

官兵衛は22歳のとき、父と同じく政職のすすめで嫁をもらう。

すぐに生まれたのが長男松壽丸《しょうじゅまる》だ。のちの黒田長政である。

だいぶん離れて次男熊之助が生まれるが、慶長2年、16歳の若さで死んでしまう。

10歳のとき松壽丸は信長のもとに人質に出された。官兵衛が荒木村重の奸計《かんけい》によって土牢に閉じ込められた際、信長は官兵衛が裏切ったと思い、人質の松壽丸を殺そうとするが、竹中半兵衛の機転で松壽丸は助けられる。

松壽丸は元服して「黒田長政」を名乗った。父の官兵衛とともに従軍して、多くの戦功をあげる。

しかし戦功をあせって1人で敵陣に斬り込み、官兵衛に怒られた。「それは大将のやることではない」と。

常に官兵衛から英才教育を受け、早く家督《かとく》を譲られる。

のちに筑前52万石の大名になり、筑前守《ちくぜんのかみ》となる。

官兵衛は22歳で結婚
妻・幸圓
松壽丸が生まれる
のちの黒田長政だ
長政は戦功をあせって敵陣に斬り込んだ
あやうく殺られるところだった
一人の行動を好むのは葉武者（とるにたらないサムライ）だ

4 官兵衛をめぐる2人の女性の物語

妻は初め、苦労の連続だった

●妻・幸圓は名前がわかっていない

官兵衛が若き家老になった頃、城主政職《まさもと》は親戚筋から女性を選び、結婚をすすめる。播州《ばんしゅう》志方村《しかたむら》に櫛橋《くしはし》豊《ぶん》後守《ごのかみ》がおり、娘は政職の姪にあたる。「この娘ならよかろう」と、官兵衛に嫁がせた。

この娘の名前は残っていない。雅号（ペンネーム）を「幸圓《こうえん》」という。美人で頭がよかった。

幸圓は試練が多い人だ。長男松寿丸を生んだ直後、自分の一族である赤松氏を官兵衛が滅ぼす。

さらに我が子、松壽丸を人質に取られ、夫官兵衛が荒木村重によって幽閉され、「裏切りの罪」で、息子は殺されたと聞かされる。

また、姉がいる上月城《こうづきじょう》を秀吉が落とす。小寺政職も城とともに陥落。結婚してから、苦労の連続だ。

しかし、夫官兵衛が村重の有岡城から救出され、息子が解放、そのあとはトントン拍子に出世した。

●長政の妻は関ヶ原で命びろい

秀吉は勢力が大きくなるのを恐れて、大名同士の婚姻を禁止した。長政は初め蜂須賀小六《はちすかころく》の娘を妻にしていたのだが、秀吉の死後、ムリヤリ離縁させられ、家康の養女ねね姫（栄姫）を与えられた。このとき長政はすでに32歳、ねね姫は16歳だ。

家康は福島正則や加藤清正、蜂須賀至鎮《よししげ》にも自分の養女を嫁がせた。

上杉征伐で長政が東に発つとき、長政は家臣の母里《もり》太兵衛《たへえ》、栗山善助《くりやまぜんすけ》らに「もし、人質で大坂城に幽閉されるようなことがあれば、妻子を国に落ち延びさせ、そのほうも自害せよ」と言い残した。

案の定、大坂・天満屋敷の幸圓とねね姫は石田方に包囲された。そこでよく似た女性2人を影武者にしたて、蚊帳の中にいるような影を見せ、屋敷を脱出する。2人を木の箱に入れ、家臣たちは船で九州中津の黒田屋敷に運んだのだ。

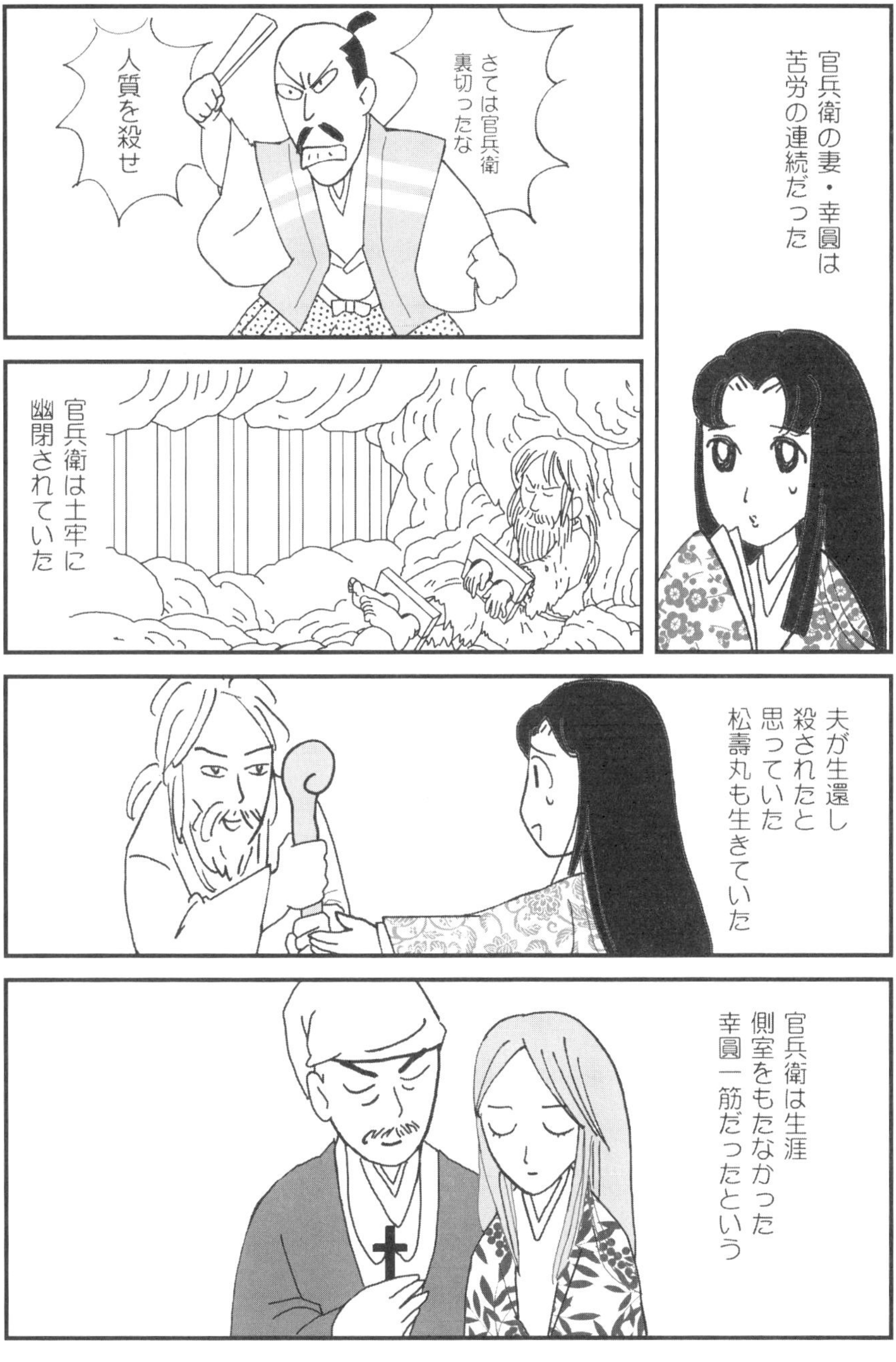
官兵衛の妻・幸圓は
苦労の連続だった
さては官兵衛
裏切ったな
人質を殺せ
官兵衛は土牢に
幽閉されていた
夫が生還し
殺されたと
思っていた
松壽丸も生きていた
官兵衛は生涯
側室をもたなかった
幸圓一筋だったという

竹中半兵衛と安国寺恵瓊

官兵衛の上をいく2人の軍師がいた

●竹中半兵衛は息子・長政の命の恩人

官兵衛は秀吉の紹介で竹中半兵衛と会う。半兵衛は「今孔明」とか「楠木正成《くすのきまさしげ》の再来」と言われた男だ。実際のところは、官兵衛のほうが秀吉の作戦参謀を担った期間は圧倒的に長い。しかし、秀吉の軍師というと「竹中半兵衛」という名がまず挙がる。

半兵衛は体が悪く、「作戦を立てること」が多かったが、官兵衛は理論だけでなく、実践的に戦うことも多かった。

この2人の絆は深く、官兵衛の息子・松壽丸が人質として長浜におり、信長によって「人質を殺せ」と命令をくだされたときだ。半兵衛は「官兵衛は裏切るような人ではない」と確信し、「人質は殺しました」とうそをいって、松壽丸を引き取った。そして故郷の美濃にかくまったのだ。黒田の家臣たちからボロクソに言われたとき、内心「してやったり」と思ったのではないか。

●毛利の頭脳・安国寺恵瓊《あんこくじえけい》は強かった

安国寺恵瓊は毛利の外交を仕切った僧侶だ。安国寺の僧侶だが、政治が好きだ。官兵衛はこの安国寺恵瓊と何度も交渉を重ねた。毛利と秀吉は何度となく、対決する。

備中高松の水攻めの最中、本能寺の変が起きる。秀吉は早く都に帰りたい。しかし交渉相手は安国寺恵瓊だ。もし下手に出れば、都の異変がバレる。そこで強気で迫ったのだ。恵瓊は「毛利5カ国を差し出す」と譲歩した。

しかし、戦は相手の大将のクビも取らないといけない。ついに「大将・清水宗治《しみずむねはる》のクビを取る」ということで交渉がまとまった。

このとき、官兵衛と恵瓊の間にどうも「密約」があったようだ。官兵衛は恵瓊と小早川隆景に本能寺の変のことを伝え、早く妥結することを引き出したというのだ。

竹中半兵衛
秀吉の参謀
今孔明と呼ばれる
体が弱いので実戦には
あまり出ない
人質を殺せ
官兵衛は
裏切るような
人間ではない
信長の命令にそむいて
松壽丸を守った
安国寺《あんこくじ》恵瓊《えけい》
備中高松城攻めのときに
本能寺の変が起きた
早く京へ
戻らねば
毛利5カ国を譲ろう
恵瓊は毛利側の
交渉人だ
実は密約が
あった?
恵瓊に信長の
死を伝え
早く妥協させ
たという
貸しを作った

6 家臣と言えば母里太兵衛、栗山善助、後藤又兵衛

他にも黒田八虎《くろだはっこ》という代表的家臣がいる

●母里太兵衛《もりたへえ》は黒田節のモデルだ

黒田の家臣たちといえば、母里太兵衛、栗山善助《ぜんすけ》、後藤又兵衛《またべえ》が浮かぶ。

まず母里太兵衛。彼はあの有名な『黒田節』のモデルだ。

関ヶ原の戦いのあと、福島正則のもとに使いに行ったときのこと。太兵衛は「酒を飲むな」といわれていた。ところが、正則に無理強いされ、「なんでもいただけるなら、酒を飲みましょう」といって、大杯を飲み干した。そして「約束したものをちょうだいする」といって、槍をもらったのだ。この槍こそ、信長、秀吉と渡った「日本号」だ。

「黒田節」の酒を飲んで槍を飲み取ったという歌詞はここからきている。

●栗山善助が官兵衛の土牢《つちろう》に現れた

善助は幼名で、四郎、備後《びんご》などと呼ばれる。栗山備後と呼ぶべきなのだが、しかし官兵衛は「善助」と呼んだ。そのため、栗山善助がとおりがよくなった。

官兵衛が荒木村重の奸計にあい、土牢に幽閉されたときだ。

善助は有岡城内の土牢の場所を突き止め助け出す。

●後藤又兵衛《またべえ》は敵将だった

秀吉が三木城で別所長治《べっしょながはる》と戦ったときだ。別所の支城に若き猛将・後藤又兵衛が３００人で立て籠《こも》った。老臣の後藤将監《しょうげん》は「官兵衛は見所のある男だ。城を開いて、官兵衛を頼りなさい」と又兵衛にいった。

のちに、又兵衛は栗山善助の与力となり、九州の陣では先鋒をつとめる。朝鮮出兵でも先鋒だ。つねに又兵衛は先頭を切って戦った。

官兵衛の死後は黒田家を離れ、大坂冬の陣に参陣した。上杉の雨のような鉄砲の乱射に一歩もひかず、上杉景勝《かげかつ》を驚かせるも、大坂夏の陣で戦死した。

母里《もり》太兵衛《たへえ》は黒田節のモデルだ
酒は飲めのめ　飲むならば
日の本一の　此の槍を
飲みとるほどに　飲むならば
これぞ真の　黒田武士
この酒を飲みほせたら好きな物をやろう
福島正則
何でもいただけるなら飲みます
酒を飲んだので約束のものをちょうだいします
日本号だ
正親天皇から
足利義昭
織田信長
豊臣秀吉
福島正則
母里太兵衛
後藤又兵衛と
伝わった

7

小早川隆景と蜂須賀小六はよき友だ

友の力が大きいといえる

●蜂須賀小六が水攻めの力になった

蜂須賀正勝《まさかつ》は、蜂須賀小六としてのほうが有名だ。矢作川《やはぎがわ》での秀吉と出会い、墨俣《すのまた》の一夜城がおなじみ。もっとも、そのころ矢作川に橋はなかった。

美濃攻めのとき、秀吉と小六が一夜城を作り、それを足がかりにして信長が美濃を攻めたという。こちらも墨俣に城ができたのは美濃攻めのあとであり、疑わしい。

小六は川並《かわなみ》衆を使って、秀吉の戦いに参戦した。備《びっ》中《ちゅう》高松の水攻めも川並衆がなくては成功しなかった。

四国攻めのときは、官兵衛と小六、さらに宇喜多秀《うきたひで》家《いえ》が加わり、2万３０００の兵で屋島に上陸する。

じわじわと長宗我部元親《ちょうそかべもとちか》を追いつめ、最後には官兵衛得意の調略で、元親を降参させてしまう。

恩賞として、正勝の子・家勝に阿波17万３０００石が与えられた。正勝は力攻めと調略の2本立てで攻めたのだ。

●毛利の三男・小早川隆景《こばやかわたかかげ》は猛将だ

天文2年（１５３３）、隆景は毛利元就《もとなり》の三男として生まれた。当主が早世した竹原小早川家を継ぎ、沼田小早川家を合体して、勢力を伸ばした。

毛利家では当主・毛利隆元《たかもと》が早世し、子の輝元《てるもと》が19歳で跡を継ぐ。

隆景の兄の吉川元春《きっかわもとはる》は吉川家を継ぐ。そこで、兄の「吉川」と弟の「小早川」の2つの川で毛利を守ろうとする。これが毛利の「両川《りょうせん》」といわれた。

本能寺の変のあと、官兵衛と隆景は急速に仲がよくなっていく。小早川隆景が秀吉と融和政策をとったためだ。

四国攻めのとき、官兵衛や蜂須賀小六の別働隊として、同時に四国に上陸して戦果をあげた。九州の島津義久との戦いでは、官兵衛が先発隊として上陸し、その少し前に小早川隆景が乗り込んでいる。小早川隆景はどんどん城を陥落させていった。

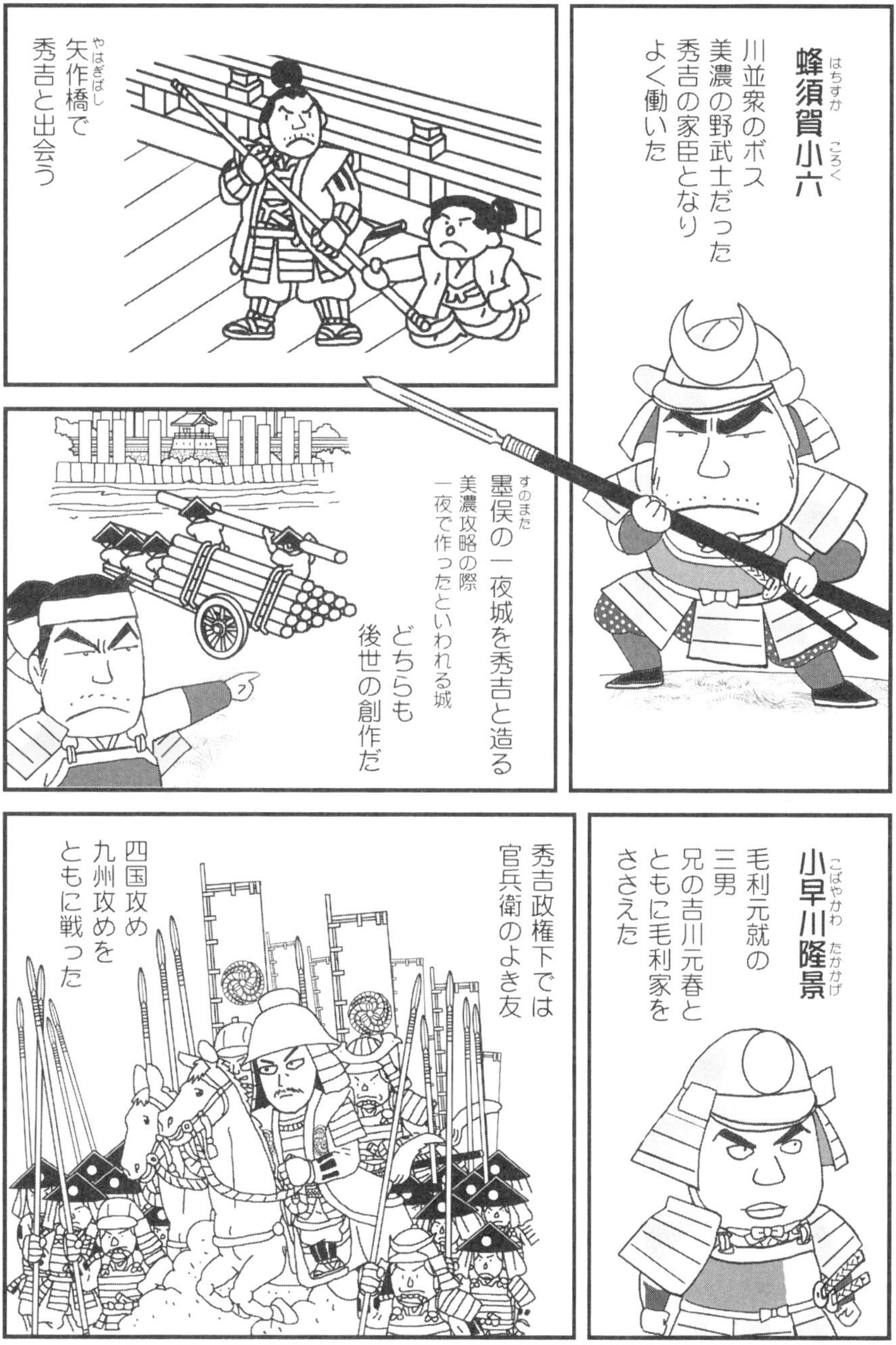
蜂須賀《はちすか》小六《ころく》
川並衆のボス
美濃の野武士だった
秀吉の家臣となり
よく働いた
矢作橋《やはぎばし》で
秀吉と出会う
墨俣《すのまた》の一夜城を秀吉と造る
美濃攻略の際
一夜で作ったといわれる城
どちらも
後世の創作だ
小早川《こばやかわ》隆景《たかかげ》
毛利元就の
三男
兄の吉川元春と
ともに毛利家を
ささえた
秀吉政権下では
官兵衛のよき友
四国攻め
九州攻めを
ともに戦った

8 官兵衛に影響を与えた2人

荒木村重と高山右近は主従関係だった

●荒木村重《あらきむらしげ》はなぜ謀反《むほん》を起こしたか？

官兵衛を取り巻く多くの武将を紹介しよう。まず荒木村重だ。

官兵衛のいた播磨（兵庫）は摂津《せっつ》（大坂）に隣接している。天文4年（1535）、村重は摂津の土豪の子として生まれる。15代将軍足利義昭と織田信長が対立するなか、信長に付き、家臣になる。

天正4年（1576）英賀《あが》合戦で毛利の大軍と官兵衛が戦う。そのとき、村重は官兵衛と信長のパイプ役を担った。当初官兵衛と村重は「不仲ではなかった」のだ。

しかし、村重は謀反を企て毛利に寝返った。官兵衛は村重説得のため、有岡《ありおか》城に向かった。そこで官兵衛は捕まり、幽閉されてしまう。

しかし、あてにしていた毛利からの援軍がえられず、とうとう有岡城は陥落、官兵衛はやっと助け出される。村重は、こっそり陥落前に有岡城を脱出して、最後は茶人となる。

●高山右近《うこん》によってキリシタンになる

高山右近は諱《いみな》を重友《しげとも》といい、天文12年（1553）、飛騨高山に生まれた。右近といえば代表的なキリシタン大名だ。洗礼名はジュスト。

右近はその頃近畿一円を制圧していた三好《みよし》氏に仕え、松永久秀《ひさひで》に属している。三好氏が衰退すると、荒木村重に従った。本願寺との戦いでは、村重に従軍した。

村重が謀反を起こした際、右近はどちらに付くか悩んだあげく、信長のもとにくだる。

中国大返しのとき、官兵衛が小早川隆景から借りた10本のノボリを掲げるのを見た右近は、毛利が秀吉に降参したと思い、光秀討伐に参戦した。

天正11年、右近は官兵衛にキリシタンになるようすすめたといわれる。

荒木村重
摂津一帯を治める武将
信長に仕えよ
官兵衛と信長を結びつけたのは荒木村重だ
その荒木が謀反を起こした
反・信長
説得に向かった官兵衛は1年あまり土牢に閉じ込められる
高山右近
熱心なキリシタン大名
官兵衛にキリスト教をすすめた
エイメン
天正15年（1587）秀吉はキリスト教禁教令を出す
キリスト教徒が力を結集するとマズイ
キリスト教やめます
あっさり
右近は信仰を捨てず日本を追放になった

Column

猛将列伝 1

山中鹿之介《しかのすけ》

尼子再興を三日月に誓ったが……

山中鹿之介は出雲の国、尼子氏の家臣だ。山中家に代々伝わる三日月の前立ての兜が有名だ。16歳のとき、戦いの勝利を三日月に誓った。毛利元就によって鹿之介の居城、月山・富田城が攻撃されたとき、鹿之介はそれを何度となく、撃退したという。

しかしその後、布部山《ふべやま》の戦いに敗れ、毛利に捕まってしまう。

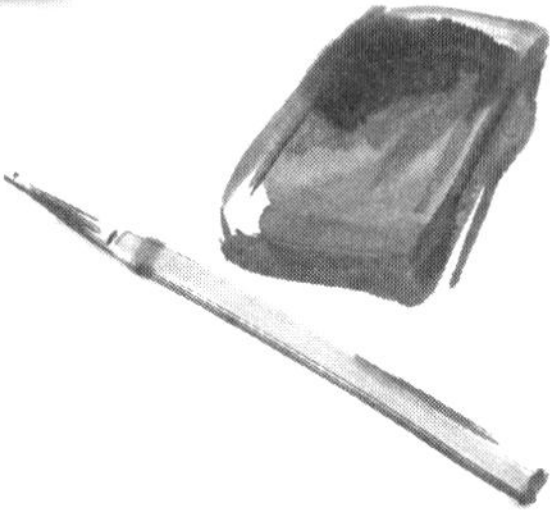

幽閉された鹿之介は「厠《かわや》にいきたい」と言い、厠に入るといつまでも出てこない。警護のサムライがあまりにも長いのを不審がってのぞいて見ると、鹿之介がお尻から血を出している。「なんだ、赤痢か？もし流行ったら大変だ」と、あわてて鹿之介を釈放した。実は鹿之介は自分でお尻に小枝で傷をつけたのだった。

鹿之介は尼子氏再興を三日月に誓う。そして、「われに七難八苦を与えたまえ」と言った。いろいろと苦難の連続だった。

七難八苦の中に「捕まったときはなんとか生き延びて、脱出しろ」という教えがあったのだ。

鹿之介はその後、秀吉の軍勢に入り、播州上月城を守ることになる。上月城は毛利の攻撃を受け、官兵衛が救出に向かうが、持ちこたえることができなかった。鹿之介は毛利に捕まり、護送中に殺される。最後は脱出がかなわなかった。

第2章

官兵衛誕生

——父とともに、地方の豪族、小寺家の家臣になる。小寺は、毛利と織田の2大勢力に挟まれていた

9 先祖は備前福岡に居を構えた

琵琶湖のほとりの近江源氏がルーツだ

●黒田氏のルーツは佐々木氏

黒田氏のルーツは佐々木氏といわれている。佐々木氏は近江源氏《おうみげんじ》の流れをくみ宇多《うだ》天皇につながる。

今でも琵琶湖の北、余呉《よご》湖のほとりには『黒田如水の墓』があり、黒田神社や先祖の墓もある。

官兵衛はたしかに地方の豪族に過ぎないが、名も無き庶民の出ではない。教養や礼儀作法など、近江源氏の流れをくむものを感じさせた。

最初の主人の小寺政職が親戚というわけでもない黒田一族を厚遇したのは、この血筋にあこがれたからであろう。

●先祖は備前福岡《びぜんふくおか》に流れ着いた

13世紀末のころ、琵琶湖の北に黒田邑《むら》があった。現在は滋賀県長浜市木之本町という。

ここにいた黒田氏の先祖・高政（官兵衛の曾祖父）が山城国船岡山の戦いに参加する。

勇ましい男で自分勝手に戦った。これが将軍足利義《あしかがよし》稙《たね》の怒りにふれた。

主人の佐々木高頼《たかより》の詫び言により、罪は逃れたが……。しかし、高政は家を出て、浪々《ろうろう》の身となったのだ。

●備前福岡に流れ着く

高政が流れ着いたのが、備前国、邑久郡福岡邑《おくぐんふくおかむら》だ。現在の岡山県瀬戸内市長船町になる。

備前福岡には屋敷や井戸など、黒田氏ゆかりの名所が残っている。

備前福岡は、吉野川が瀬戸内海に注ぐ水のよいところだ。ここに「長船《おさふね》」という地名がある。日本刀で「備前長船」といえば、名刀の長船派という一大グループを形成するほどである。

「備前長船」は、平手造酒《ひらてみき》の「福岡一刀流」だ。後年、筑前に居城を構え、先祖の偉業を忍んで「福岡城」と名付けられた。

父とともに、地方の豪族、小寺家の家臣になる。小寺は、毛利と織田の2大勢力に挟まれていた

黒田氏の祖先
黒田高政
勇猛だったが…
黒田邑《むら》
黒田高政は将軍足利義稙《よしたね》の怒りをかって浪々の身に
勝手なふるまいは許さん
姫路
備前福岡へ
(現在の岡山)
備前で争乱が起きる
高政の息子・重隆《しげたか》は
難を逃れて
播磨《はりま》の姫路へ行く
重隆は官兵衛のおじいさんだ
息子・職隆《もとたか》
孫・官兵衛

10

おじいさんの重隆は目薬屋だった

備前福岡を出て、姫路に向かった

●都の争乱が備前に飛び火する

一時期、重隆は赤松晴政《あかまつはるまさ》に仕える。しかし晴政はたいした人物ではなかった。重隆は主人を見限って、赤松氏のもとを出た。

大栄３年（１５２３）、高政が死ぬ。備前にも争乱が起こった。

難を逃れるため、高政の子供・重隆《しげたか》は備前福岡を去って姫路に向かう。重隆は官兵衛のおじいさんだ。

このころ、斎藤道三《さいとうどうさん》が美濃に入り、「戦国大名」の時代が始まった。都では『閑吟集《かんぎんしゅう》』で「一期は夢よ、ただ狂へ」と歌われる。

司馬遼太郎の『播磨灘物語』では、冒頭の章でこの歌を紹介している。

●姫路城は城主のいない「空き城」だ

姫路城の目代小寺氏は姫路城の一里（約4キロメートル）東の御着《ごちゃく》城にいる。姫路城は小寺氏の支城だが、城番がいる程度で、ほとんど「すて城」だ。

重隆は姫路で長居をする気はなかった。収入源がないので「堺に行って商売をしよう」と考えていた。

この頃、江戸時代のような身分に対する意識はない。侍が農業をやったり、商売したりしていた時代だ。

●神符といっしょに「目薬」を売る

重隆は竹森という農家に世話になっていた。しかし米代を稼ぐことができない。そこに、神主の井口太夫《いぐちだゆう》が知恵を出した。

「神符《しんぷ》を配って歩くとき、添えてもらう黒田家の家伝の薬がござらぬか」ときく。

重隆は「近江の国にカエデの木がござる。ここに毛の生えた『メグスリノキ』がある。その実を取って、砕く。赤い絹の袋に入れる。その袋ごと煎じて、汁を眼に当てると目薬になるのだ」とこたえた。

重隆はこの「目薬」で、米代を稼ぐことにした。

重隆（官兵衛のおじいさん）は播磨の姫路に居を構える
収入源がない
堺で商売をしよう
神主の井口太夫《いくちだゆう》
神符《しんぷ》を配るときに添える薬はござらぬか？
黒田家秘伝の「目薬」がござる
メグスリノキ
実をくだいて
煎じる
汁を目にあてる
重隆は目薬で稼ぐことにした

11 金貸し業で家臣を増やす

目薬屋の次は金貸し。そして兵を養った──

●目薬の製造で豊かになった

目薬は「玲珠膏《れいしゅこう》」といい、妹婿・三木清閑《みきせいかん》の家に伝わるものだ。

黒田家の生活は「目薬製造」で豊かになる。のちに、秀吉の家臣たちから、官兵衛は「目薬屋!」とあだ名で呼ばれたのはここからきている。

目薬で成した財産で田地田畑を買い、さらに財を蓄える。また兵を雇い、侍として実力を得ていった。

お世話になった竹森氏と井口氏は2人とも重臣として召し抱えた。

●金貸しで家臣を増やした

重隆は家督《かとく》を息子の職隆《もとたか》(官兵衛の父)に譲り、剃髪して入道になった。法名は宗卜《そうぼく》だ。人からは「黒田の入道どの」呼ばれた。こうして重隆はわずか30代後半で隠居する。

家督を譲られた息子の職隆は20歳そこそこ。しかし、のちの行動を見ても、息子の職隆はかなり器が大きい。家督を譲っても大丈夫と思ったのだろう。

家臣になり金持ちになった竹森新右衛門《しんえもん》に言われ、職隆は低利で金を貸し始めた。

職隆は「担保はいらない。その代わり、返せないなら家臣になれ」といった。そんな都合のいい金貸しはいない。近郷近在から人が押し寄せた。職隆は特に農家の次男などには積極的に貸した。

●小寺氏に仕官する

父・重隆は職隆に「おまえは、御着の小寺殿に仕えたほうがいい。御着に行け」といった。

御着の小寺藤兵衛政職《こでらとうべえまさもと》は3000ぐらいの兵を動かせる。そこそこ、中の上くらいだろうか。

黒田家は傑出した人物で、しかも天皇につながる近江源氏の家系だ。それが「仕官したい」といっている。「願ってもいないことだ」と、仕官がかなった。

重隆は目薬で財をなす
玲珠膏《れいしゅこう》
重隆は出家して宗卜《そうぼく》と名乗る
わしは隠居する家督は譲る
30代後半
息子・職隆《もとたか》20歳そこそこ
おまえは御着《ごちゃく》の小寺殿に仕えるといい
御着城
現在の兵庫県姫路市御国野町御着（旧播磨国飾東郡）

12 御着の城主・小寺政職が父を縁組みする

いよいよ官兵衛が誕生する

●もともと母は明石家の女性だ

小寺政職の家臣となった黒田職隆《もとたか》は政職の養女と縁組みをする。

小寺氏の親戚に明石氏の明石宗和《むねかず》（正風）という武将がいる。明石氏は小寺氏と同じ赤松氏の流れだ。

この宗和の娘を小寺氏が養女とし、職隆と縁組みさせた。

これで小寺家と黒田家はつながったわけだ。

この娘が官兵衛の母だ。まだ15歳だった。

明石家はもともと歌詠みの家系で、官兵衛にも連歌の素養があったという。

●職隆は小寺氏を名乗る

政職は職隆に「小寺職隆」と名乗らせた。

官兵衛も御着にいた時代は「小寺官兵衛」と呼ばれていた。「小官」というあだ名があったのだ。

天文15年（１５４６）11月29日（12月とも）官兵衛が姫路城で生まれる。

幼名は萬吉《まんきち》。乳母はなく、母に育てられひ弱な子だった。

しかし子供の頃から頭が良い。古歌を手がかりに、諸国の地理を研究したという。

父は「達者であればそれでいい」といった。

しかし、師の円満坊《えんまんぼう》から「戦国武将の生き方」を諭される。歌の本を捨てさせ、武道に専念させた。

官兵衛が10歳の頃、母は亡くなったという。

●官兵衛の生まれた頃、鉄砲が伝来

天文12年（１５４３）、官兵衛が生まれる3年前だ。

ポルトガル人の船が種子島に漂着した。

この船に乗っていたポルトガル商人が鉄砲を持っていたのだ。

鉄砲は、時代を大きく変えるアイテムとなる。

職隆《もとたか》は小寺の姫と結婚した
小寺の姫は明石氏の娘だったが小寺の養女になったのだ
小寺の殿様
小寺政職《まさもと》
天文《てんぶん》15年（1546）11月29日官兵衛が生まれる
幼名　萬吉《まんきち》
母は官兵衛が10歳のときに亡くなる
師・円満坊
武道に専念せよ
歌集

13

元服して、小寺官兵衛孝高と名乗る

時代は、知的な戦いの時代になる

姫路村の浄土宗の老僧・円満坊により、萬吉は侍の子としての教育を受ける。

●のちに、張良《ちょうりょう》の再来と言われる

『播磨灘物語』（司馬遼太郎／講談社）では、漢の高祖・劉邦《りゅうほう》の話が出てくる。劉邦には張良という参謀がいた。この張良の活躍で漢帝國400年の基礎を築くことができた。

官兵衛はのちに「張良の再来」と言われる。円萬坊は「劉邦になるか、張良になるか。いずれにしても、志は高く持て」と励ました。

●元服して、官兵衛と名乗る

永禄4年（1561）、城主小寺政職は鷹《たか》狩りの途中、姫路に寄った。萬吉は饗応《きょうおう》の席に出る。そこで「官兵衛」という名前をもらう。

元服して「小寺官兵衛孝高《よしたか》」と名乗ることになる。16歳で80石を賜《たまわ》り、近習《きんじゅう》となる。

翌年、官兵衛は父・職隆に伴い、土豪を退治した。これが初陣だ。その活躍ぶりを見て、職隆は自分以上の逸材と感じた。

●時代は、知的な戦いに変化している

永禄3年（1560）といえば、桶狭間《おけはざま》の戦いだ。信長は今川義元《いまがわよしもと》を討つ。

このとき、毛利新助《もうりしんすけ》という武将が義元と戦った。義元の口に指を突っ込み、指を食いちぎられるも、なんとか討ちとった。

しかし、信長の評価は低かった。一番の手柄は梁田《やなだ》政綱《まさつな》という武将だ。

梁田は今川の陣立てから行動など、マメに信長に報告した。信長はそこを評価し恩賞を与えたのだ。

桶狭間の成功は「情報」にあったと言える。時代は知的な戦いに変化している。

劉邦《りゅうほう》になるか
張良《ちょうりょう》になるか
志は高く持て
漢の高祖劉邦
前漢の初代皇帝
張良子房
劉邦の功臣
永禄5年（1562）16歳
元服して
小寺官兵衛孝高《よしたか》となる
初陣で活躍した
わし以上の逸材かもしれん
父・職隆《もとたか》
そのころ
桶狭間《おけはざま》の戦いがあった
永禄3年（1560）5月
今川義元
油断したわい
桶狭間の戦い
織田信長が
今川義元の大軍を
破ったのだ
織田信長

14 父・職隆は官兵衛に家督を譲る

官兵衛22歳で家老に推薦された

●夜盗退治ののち、家督を譲られる

永禄10年（1567）頃、播磨の国に澤蔵《さわぞう》坊という賊徒がいた。300人ほどの徒党で、村々に出没しては盗難を繰り返した。

御着のあたりにも侵入してくるようになり、守護地頭でも手に負えなくなってきた。官兵衛は母里雅楽助《もりうたのすけ》など配下の者を連れて、夜盗退治を始めた。

首領の澤蔵坊以下、10人を簡単に片付けた。「こんなものはたいしたことはない」と言ったとか。

父親の職隆は、官兵衛の実力を高く評価し、早々と家督を譲ることにした。官兵衛は父に代わって御着城の家老に抜擢される。まだ22歳の若き家老だ。

●嫁をめとる

はたして家老になった官兵衛は、そこで嫁をもらうことになる。当主小寺政職の黒田親子に対する信頼は日増しに厚くなった。

自分の親戚筋から嫁を世話して「もっと縁を強くしたい」と考える。

播州の志方《しかた》村に同じ赤松氏の流れをくむ櫛橋豊後守《くしはしぶんごのかみ》という者がいる。志方村は現在の兵庫県加古川《かこがわ》市志方町だ。姫路の東隣になる。

櫛橋家の娘は政職の姪にあたる。政職はこの娘を官兵衛にめとらせることにした。

官兵衛の妻の名前は残っていない。ただ雅号が「幸《こう》圓《えん》」というため、歴史的には「幸圓」と呼ばれている。一般的には「お光《てる》の方」と呼ばれている。

実は、娘の父親は1年前から、官兵衛に目を付けていた。すでに父は兜と具足《ぐそく》を官兵衛にプレゼントしていたのだ。

官兵衛は政職の媒酌《ばいしゃく》で結婚をする。「幸圓」は眉目《みめ》麗《うるわ》しく、教養もあった。正室以外の側室を持つことも多かったこの時代、官兵衛は妻・幸圓以外の女性には目もくれない。

父とともに、地方の豪族、小寺家の家臣になる。小寺は、毛利と織田の2大勢力に挟まれていた

播磨で澤蔵坊という盗賊があばれていた
官兵衛が退治する
こんなものたいしたことない
功績が認められて御着城の家老になった
まだ22歳だ
黒田家との縁をもっと深めたい
姪の「お光《てる》」と官兵衛を結婚させた
小寺政職《まさもと》
雅号は「幸圓《こうえん》」

15 長男・松壽丸が誕生する。未来の長政だ

官兵衛は初めての敗戦を体験する

●栗山善助《くりやまぜんすけ》がやってきた

官兵衛が家老になり結婚した頃、栗山善助がやってきた。まだ15歳。頭が大きかったという。家臣になったのは永禄8年（１５６５）だ。

善助は姫路の栗の山から出てきた。のちに栗山備後《びんごの》守利安《かみとしやす》を名乗る。隠居後は卜庵《ぼくあん》。黒田二十四騎の一人と呼ばれ、赤松氏の流れになる。官兵衛の「命の恩人」であるが、その話は後述する。

官兵衛は家臣たちに「礼儀作法は身に付けよ」といった。善助は「礼儀作法だけですか？」と、不満をもらす。官兵衛は「侍は勝つためにある。『勝つために必要なことをすべて』を身に付ける」と言った。

善助は「は、は～」と頭を下げた。

●官兵衛、早くも敗戦か？

永禄12年（１５６９）、播州龍野《はんしゅうたつの》城の城主・赤松政秀が３０００の兵を連れ官兵衛の姫路城を攻撃してきた。これを官兵衛はわずかな手勢で追い散らした。

しかし、主家から派遣された武士が守備を怠ってしまう。そのため、官兵衛の軍勢も大崩れとなる。

しかしそのまま負けているわけにいかない。そこで官兵衛は精鋭部隊を編成する。前陣を官兵衛、後陣は父の職隆の部隊で赤松氏に夜襲をかけた。こうして官兵衛は初めての、大勝利をあげる。

この戦は場所の名前から「青山・土器《かわらけ》山合戦」と言われる。官兵衛の名が播州に轟《とどろ》いた。

●長男・松壽丸が誕生する

永禄11年（１５６８）、妻の幸圓が長男・松壽丸（のちの長政）を産む。跡取り息子が早くもできた。

天正13年（１５８５）、２人目の子供・熊之助《くまのすけ》が生まれる。しかし、熊之助は慶長2年、16歳で早死にした。そのため、松壽丸は一人っ子のように大切に育てられている。

栗山善助が家臣になる
15歳 頭が大きい 姫路の栗の山出身だ
礼儀作法を身につけよ
礼儀作法だけですか?
あとは言うまでもあるまい 侍は勝つためにある 敵に勝つためのすべてのことを身につけよ
はは～
永禄12年（1569）播州館町の城主 赤松政秀が 官兵衛のいる 姫路城を攻めてきた
官兵衛は 精鋭部隊を編成し大勝利 官兵衛の名が播州に轟いた

16 信長が美濃を攻略する

―13代将軍義輝《よしてる》が殺され、京都の武家政権が崩壊する―

●秀吉が「木下藤吉郎秀吉」となる

秀吉の出自ははっきりしない。尾張中村の農民、木下嘉衛門のセガレといわれている。初めは今川の家来・松下に仕えたが、ここでは出世はのぞめない。

その後、信長に仕えるようになる。信長の側室吉乃《きちの》の実家・生駒《いこま》家に居候した。そのため、信長の「藤原（のちに平となる）」の「藤」と「吉乃」の「吉」を取って「木下藤吉郎《きのしたとうきちろう》秀吉」と名乗る。

●信長が美濃を攻略する

永禄10年（１５６７）、信長は天下統一のため美濃攻略に乗り出す。稲葉城下に迫り、近隣を焼き払った。美濃・斉藤家の稲葉一鉄《いんばいってつ》、斉藤卜全《ぼくぜん》、安藤守就《もりなり》などが主力で応戦する。

しかし、秀吉や蜂須賀《はちすか》小六の手引きで、斉藤や安藤は信長軍に投降。稲葉城下は信長軍に占領される。

急死した稲葉城主斎藤義龍《さいとうよしたつ》の遺児・龍興《たつおき》は城を脱出する。

ほどなくして秀吉と蜂須賀小六は、木曽川の墨俣《すのまた》に城を作る。これが有名な一夜城である。

稲葉城を落とした信長は禅僧澤彦《ぜんそうたくげん》に、町の名前の候補（岐山、岐阜、岐陽）を挙げてもらった。天下統一を目指した中国の古代周王朝の故事にならい、岐阜を選んだ。「天下布武《てんかふぶ》」の印も作ったという。

●京都の武家政権が崩壊する

永禄8年（１４６５）、13代将軍足利義輝《あしかがよしてる》が、三好三人衆によって殺害される。蔭で松永久秀が動いたといわれる。次期将軍足利義栄《よしひで》は久秀に推され、就任する。しかし、体が弱くパッとしない。京都は急速に武家政権の力を失った。

殺された義輝には実弟一乗院覚慶《いちじょういんかくけい》がおり、大和興福《こうふく》寺《じ》にいた。彼が近江の和田惟政《これまさ》邸で還俗《げんぞく》（僧侶をやめ、俗人に戻る）する。名を義秋《よしあき》（のちの義昭）とした。

父とともに、地方の豪族、小寺家の家臣になる。小寺は、毛利と織田の2大勢力に挟まれていた

木下藤吉郎秀吉は
織田信長に仕えていた
蜂須賀小六とともに
美濃攻略に携わる
美濃の斎藤龍興《たつおき》を
城から追い出し
信長の勢力は拡大した
美濃
岐阜
稲葉城
墨俣城
小牧山城
清洲城
尾張
三河
この地を
岐阜としよう
京では13代将軍足利義輝が
三好3人衆に殺される
将軍に
なりたい…
実弟の義秋（後に義昭）は
越前の朝倉に身を寄せ
上洛の機会を伺っていた

17

信長は義秋（義昭）を次期将軍に担ぐ

細川、明智が間に立って、義秋を紹介する――

●信長は義秋を担《かつ》いで、上洛する

義秋は再三、朝倉義景に「上洛せよ」とせっついたが、景勝はグズグズして動かない。細川や明智は義秋に「信長に頼るべきだ」とすすめた。しかし義秋は「信長なんて知らない」と乗り気ではない。新興勢力の信長はまだまだ無名だったのだ。

さらに浅井長政が信長への恭順をすすめ、明智も仲を取り持つという。

ついに義秋は了承し、信長は上洛して京都に旗を立てることにした。義秋に鎧《よろい》、軍馬、刀を贈り、迎え入れたのだ。

●楽市楽座を広めた

永禄12年（1569）、信長は六角、三好を簡単に退ける。

朝廷の正親町《おおぎまち》天皇が、義秋を15代将軍に推挙し、名前も足利義昭《よしあき》と改める。信長は「副将軍」に推薦されるが、「拒否」した。

楽市楽座は近江のほとりで六角義賢《ろっかくよしかた》が始めたものだ。

今川義元《よしもと》が受けつぎ、信長がこれを自分の領地に広めた。

信長の領地には商人があふれかえる。金や馬が東北や信州から流れ込み、西洋人も渡来して、信長の経済的基盤をつくった。

もちろん、水田の耕作にも力を入れている。これらは次の秀吉政権に受け継がれる。

●無名の信長こそ天下人だ

官兵衛は都の情勢に探りを入れる。信長は美濃を攻略したばかりでまだまだ無名だった。しかし、将軍を担いで上洛する。

官兵衛は「信長こそ天下をうかがう人物」と早々に実感したのだ。

父とともに、地方の豪族、小寺家の家臣になる。小寺は、毛利と織田の2大勢力に挟まれていた

信長が上洛する
足利義昭が第15代将軍になった
副将軍になってくれ
それは辞退します
信長は楽市楽座を広め水田耕作に力を注いだ信長の支配地は繁栄した
上洛した信長の噂を聞いた官兵衛
信長こそ天下をうかがう人物だ

18

毛利が尼子を滅亡させ、中国地方の覇者となる

―信長は姉川の合戦に勝ち、近畿地方を収める―

●毛利が中国地方の覇者《はしゃ》となる

永禄9年（1566）、毛利元就《もうりもとなり》が尼子《あまご》氏を滅亡させた。尼子は山陰11カ国を支配していたほどの実力者だ。官兵衛と同じ、近江源氏の佐々木氏の流れである。

これで、毛利元就は中国地方の全域を手中に収める。

永禄12年（1569）、尼子家の家臣・山中鹿之介《やまなかしかのすけ》は京都に潜伏していた。そこで主家の遺児・勝久《かつひさ》と出会い、鹿之介は尼子再興を決心する。

「われに、七難八苦を与えたまえ」と言って、出雲を目指した。

この頃毛利は九州の大内と戦っており出雲は手薄だ。とはいえ少数の尼子の残党に対して、毛利は大群だ。無謀な戦いをすることはできない。

●織田信長が姉川の合戦に勝つ

永禄13年（1570）、信長は妹お市を浅井長政《あざいながまさ》の嫁に出した。朝倉攻めや上杉対策の足がかりにしようと思ったのだ。

しかし、信長の朝倉攻めは浅井の裏切りにあい、失敗する。なんとか、殿軍《しんがり》の秀吉や家康の働きに助けられ、京都に逃げ帰る。

信長はあきらめず、再び浅井や朝倉をたたこうとする。姉川の戦いだ。信長は兵力で負けていて、劣勢に立つ。しかし、側面から家康軍の榊原康政《さかきばらやすまさ》が攻撃した。不意をくらって、浅井朝倉軍は崩壊したのだ。

●官兵衛は2大勢力に挟まれた

信長は近畿地方を勢力下に収めた。中国地方は毛利が大勢力だ。官兵衛のいる播磨は2つの勢力の境目になってしまった。

姫路は地理的には毛利につくのが順当だ。信長は京都に旗を立て、天下を狙っている。一方毛利は天下取りの意欲はない。官兵衛は「織田信長に賭けよう」と心に決めた。

永禄9年（1566）
毛利元就が
尼子氏を破り
中国地方の覇者と
なっていた
毛利元就
出雲
伯耆
石見
備後
備中
備前
播磨
安芸
長門
周防
永禄12年（1569）
尼子の家臣
山中鹿之助は
京に潜伏して
尼子再興の機会を
うかがっていた
我に七難八苦を
与えたまえ
信長は姉川の戦いで
浅井朝倉に勝利する
金ヶ崎城
（朝倉居城）
小谷城
（浅井長政居城）
元亀元年
（1570）
琵琶湖
織田・徳川軍
官兵衛のいる播磨は
2大勢力に
挟まれてしまった
どちらに
付くべきか…
近畿一帯
織田
中国地方
毛利

Column

猛将列伝 ❷

毛利《もうり》 新助《しんすけ》

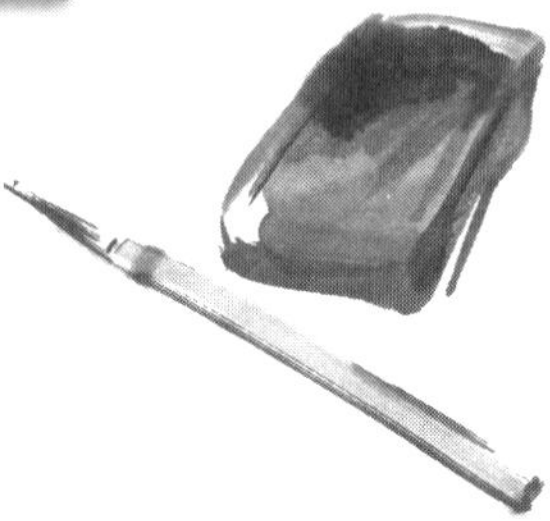

桶狭間《おけはざま》の勇士なのに……

桶狭間の戦いといえば信長のデビュー戦だ。そのころ、信長はまだまだ無名の武将だった。

永禄3年（1560）、信長は今川義元を奇襲攻撃する。

信長の戦いは、「力攻め」といわれる。しかし、それは最終段階でのことだ。姉川の戦いでも、長篠の戦いでも、敵の武将の寝返りを図る。さらに相手の陣立てや行動の十分な情報を得て、多くの布石を打ったうえで、力攻めをする。

桶狭間の戦いで一番の働きをしたのは、毛利新助だ。もともと信長の馬周りで小姓あがりだったという。

桶狭間で、新助は信長とともに戦場に着いた。今川軍2万5000に対し、織田軍はわずか2000。今川軍は軍を分けて、いくつかの城や砦に向かわせる。本隊は5000だ。

信長は本隊に向かって突進した。今川義元は一騎だ。その義元に槍を突きつけたのが、毛利新助だ。

そのまま、新助は義元に組み付き、義元のクビを掻き切った。思いあまって、義元の口に指を突っ込み、指を2本食いちぎられたという。

新助は大将のクビを取ったが、恩賞はなかった。恩賞を受けたのは「梁田政綱《やなだまさつな》」だった。梁田は今川の陣立てや行動を織田側に流していた。信長は力より情報を重んじたということか。

第3章

信長時代

——どっちつかずの城主を説得して、信長政権へ参加する

19

御着城の軍議が続く。官兵衛は姿を見せない

信長がさらに力を増し、御着に危機がせまる――

●織田信長が武田勝頼《たけだかつより》を破る

織田信長は天正3年（1575）、武田勝頼を長篠《ながしの》で破った。

当時の鉄砲は一発撃つと、次に撃つまで1分かかる。その欠点をカバーするため、3列になった鉄砲隊が代わる代わる撃ったという。信長の「鉄砲の3段撃ち」といわれた。

対する武田の「騎馬軍団」はそれほどすごくない。実際には足軽が馬といっしょに走るため、スピードは足軽に合わせる。結局、最後は白兵戦だった。

●御着では軍議が続いていた

信長は次々に周辺の敵をつぶし天下統一への歩みを進める。一方毛利は「中国地方を安定させること」を考えていた。

天正3年（1575）、両者に挟まれる御着城の評《ひょう》定《じょう》の間では軍議が続いている。「織田に着くべきか、毛利に着くべきか」。

ところが官兵衛は「病気だ」といって軍議の席に姿を見せない。周りからは「家老なのに不謹慎だ」と言われた。

官兵衛は「どうせ、どっち付かずの意見ばかり。早く行っても致し方あるまい」と、議論が煮詰まったころ、ようやく現れた。

●信長型か信玄型か

戦国武将には2つのタイプがある。合議制かトップダウンか。織田信長はトップダウン型だ。軍議では自分の考えを命令する。だから軍議は短く、信長の作戦は絶対だ。

武田信玄は合議制だ。みんなが思い思いに意見を言うので軍議は長い。信玄は上手く議論をまとめる。

官兵衛が仕える小寺の殿様は合議制とは言えない。物が決められない。優柔不断なだけだった。

天正3年（1571）
御着城《ごちゃくじょう》の軍議
織田に付くべきか毛利に付くべきか
官兵衛はどうした
病気で休んでおります
家老のくせに不謹慎な
どうせどっちつかずの意見ばかりだ早く行ってもしょうがない
戦国武将リーダーのタイプ
武田信玄型
合議制
みんなが意見を言う
最後は信玄に一任
軍議が長い
織田信長型
トップダウンタイプ
命令
信長の作戦は絶対
軍議は短い

20

官兵衛は「織田に付くべき」と主張する

使者となって、岐阜に出かけた——

●「織田に付くべき」と主張する

御着城の軍議は「毛利に付く」という方向に傾く。家老の官兵衛に意見が求められた。官兵衛は全国の情勢を説明する。

「織田信長は天下を取る勢いだ。毛利は中国地方を安定させることを考えている」

さらに官兵衛は「毛利に付けば織田と毛利が戦ったとき、最前線になる。真っ先に織田に踏みつぶされる。ここは織田に付くべきだ」と主張した。

官兵衛は群議が「毛利派」に流れかけているのを強引に押し切った。

毛利からは「人質を入れろ」と催促が来ている。「人質を入れる」とは「味方すること」という意思表示の証だ。

●城主政職も官兵衛に従う

官兵衛は信長のことを「奇貨《きか》を置くべき（天下取りの人物）」と言った。

城主の政職は「名簿《みょうぶ》だけは入れとくか」と乗り気ではない様子だ。

名簿は「みょうぶ」と読む。人数、兵力などのリストだ。今でいう「めいぼ」とは違うものだ。

織田に付くと決まれば、その意思を表明しなければならない。しかしだれも使者に立とうという者がいない。そこで、官兵衛が「岐阜への使者はワシが行く」と言った。

●官兵衛が岐阜に出発する

官兵衛の家臣に母里太兵衛《もりたへえ》がいる。官兵衛が24歳のとき出仕した、小寺家の者ではなく、直属の家臣だ。

この母里太兵衛と栗山善助《くりやまぜんすけ》に留守を頼み、官兵衛は岐阜へと出かけた。

その頃、信長は近江に安土《あづち》城を建設中だった。いよいよ、引っ越しの準備をしていた。

織田に付くべきです
織田信長は天下を取る勢い
毛利は中国地方を安定させることが目的です
毛利は元就亡き後孫の輝元が家督を継いでいる
尼子氏
大内氏
毛利に付けば播州は最前線真っ先に織田につぶされるでしょう
私が織田の使者になります

21 官兵衛は秀吉に信長への「申次」を頼んだ

まず、秀吉に会うことにした

●まず秀吉へ会う

官兵衛は毛利派の者から狙われることを恐れ、伊勢参りの格好をして岐阜に入った。いきなり信長への面会はゆるされるはずもない。まずは家臣に会って話を通さなくてはいけない。これを「申次《もうしつぎ》」という。

官兵衛は信長の重臣秀吉に会って申次を頼もうと考えていた。「農民から大出世したと聞く。会えば、すぐ仲良くなれそうな人物だ」

官兵衛は国許《くにもと》にいるときから秀吉を知っていた。秀吉の他に荒木《あらき》村重、明智光秀《あけちみつひで》、高山右近《たかやまうこん》などに惹かれた。同じ武将でも柴田勝家《しばたかついえ》、滝川一益《たきがわかずます》などはほとんど話もしなかった。

●信長への「申次」を頼む

岐阜の屋敷で官兵衛は初めて秀吉と会った。秀吉は中国の情勢について、ざっくばらんに話す。敵味方身分関係なく人を評する人物で、毛利方の小早川隆景をほめるので、官兵衛がムッと来たくらいだ。

秀吉は輝元については「凡庸なので安心、安心」という。さすが、的を射ている。上杉、武田、今川、六角、三好、今川、みな過去の人なのだろう。

秀吉に、信長の秘書の武井夕庵《たけいゆうあん》に取り次いでもらい、すぐにOKが出た。

●信長との面会

翌日、官兵衛は信長との面会に岐阜城へ参じた。官兵衛が伏している。

信長は「表を上げろ」と言った。

実は、殿様に「表を上げろ」と言われても、「お目見え以下の人間」は顔を上げてはいけない。肩を揺さぶるだけだ。「近う寄れ」と言われたら、這《は》いつくばって、後ろに下がるのだ。

しかし信長はそういう作法を嫌った。官兵衛と近くで話がしたい。

秀吉に信長の申次を頼もう
官兵衛は秀吉のことを知っていた
秀吉と会って中国の情勢を語り合った
毛利輝元は凡庸だ
安心 安心
いよいよ信長に会う
表を上げろ
表を上げろと言われても本当に表を上げてはいけない
しかし信長はそんな武士の作法が嫌いだ
近う寄れ

22 信長は官兵衛に名刀「圧切」を与えた

かつて信長が無礼を働いた茶坊主を切った刀――

●信長は官兵衛に名刀「圧切《へしきり》」を与える

信長は官兵衛に「毛利を征服するときは、手柄を立てよ。そのときは大名取り立てもある」と言った。また「褒美《ほうび》にこれをやる」と、刀をひとふり下げ渡した。

この刀こそ「圧切」といわれる名刀だ。正しくは「長谷部国重《はせべくにしげ》圧切」だ。刃長2尺1寸4分(約65センチ)、全体は3尺ほどだ。刀を渡すのは臣下の証だ。

これをもって官兵衛は毛利攻めの最前線になったのだ。秀吉はその「申次《もうしつぎ》」つまり「連絡係」ということだ。もちろん、攻めるのは秀吉だ。

播州はかなり「毛利派」の多い土地であるため、前途多難である。

●信長は茶坊主を無造作にこの刀で切った

この「圧切」にはいわれがある。

かつて信長のもとに管内《かんない》という茶坊主がいた。この茶坊主が無礼を働き、信長の怒りを恐れて厨《くりや》の膳だなの下に逃げ込んだ。怒った信長は膳だなに刀を差し込み、押さえ付けて切ったのだ。

圧《お》し切ったので「圧切」と呼ばれるようになったという。

あまりにも切れがよく、さほどの手応えもなかったらしい。

●刀の銘は「長政」になっている

この刀には「長谷部国重」の銘がある。裏には「黒田筑前守《ちくぜんのかみ》」という金象嵌《きんぞうがん》（あとで字を入れること）がある。この「黒田筑前守」とは官兵衛の息子の黒田長政だ。

長政が筑前守になったのは慶長8年（１６０３）、官兵衛が死んだのが慶長9年（１６０４）だ。

長政が自分の銘を刀に入れたのは、官兵衛の死後だろう。

毛利を攻めるときは手柄をたてよ大名にしてやる
これをやろう
長谷部国重圧切《へしきり》だ
かつて信長は管内という茶坊主を成敗するときに厨《くりや》の膳棚ごと切った
それで「圧切」と呼ばれる

23

竹中半兵衛を紹介され、魅了される

半兵衛は秀吉が三顧の礼で家臣にした——

●竹中半兵衛《たけなかはんべえ》と出会う

官兵衛が信長に会ったあと、秀吉に相客が来る。秀吉に連れられ、ピタリと座った。顔は白く、目はタカのごとくするどいが、澄み切っている。

彼こそ竹中半兵衛重治《しげはる》だ。美濃岩村の菩提山《ぼだいさん》の城主の息子だ。のちに官兵衛とともに「二兵衛」といわれる。

●半兵衛が有名になったできごと

半兵衛を有名にした事件がある。前述したように、美濃は斎藤道三が息子の義龍《よしたつ》に滅ぼされる。その義龍が急死して、息子の龍興が継ぐ。この龍興が凡愚だ。

あるとき半兵衛が登城しようとしていると、龍興の家臣が櫓《やぐら》の上から半兵衛に小便をかけたという。

ムッときた半兵衛は「こんな城など乗っ取ってやれ」と計略を立てた。

半兵衛の弟は病気で城で寝ている。そこで、半兵衛は自分の家臣に「見舞いの重箱」を用意させた。重箱の中身は武器や鎧だ。

この「弟への見舞い」を、見張りは「菓子でも入っている」と信じている。半兵衛の家臣はまんまと重箱を本丸に運び込んだ。

城内に入ると、家臣たちは鎧に着替え、武器を使って城を制圧してしまった。

●信長は半兵衛を秀吉の家臣として認めた

半兵衛の優秀さを聞いた秀吉は美濃に半兵衛を訪ね、三顧《さんこ》の礼で竹中の出盧《しゅつろ》を請《こ》うた。

このとき半兵衛は「信長に仕えるのはイヤだが、あなたなら仕える」と言った。しかし、必ず殿様の許可がいるものだ。なんとか信長の許可が出て、秀吉の家臣となる。

秀吉は念願叶って半兵衛を家臣にしたものの、いつ信長から「半兵衛をよこせ」という命令がくるか、と心配していた。

官兵衛は竹中半兵衛と会った
半兵衛がかつて美濃の斎藤龍興に仕えていたとき家臣が櫓《やぐら》から小便をひっかけた
怒った半兵衛はたった1日で城を制圧してしまった
その後半兵衛は隠居する
秀吉は半兵衛を訪ね三顧の礼で迎えたのだ
尾張に来てくれ
信長はイヤだがあなたになら仕えましょう

24

官兵衛と半兵衛は刎頸《ふんけい》の友になる

半兵衛は「ちかいの言葉」を破り捨てた

●半兵衛は「友の誓い」を破り捨てた

官兵衛は半兵衛に天下の情勢、さらに中国の様子などを語った。半兵衛は細かく質問をする。その質問が実に鋭い。官兵衛は「さすがだ」と唸《うな》った。

あるとき半兵衛は官兵衛に「秀吉様と兄弟の契りを交わした誓紙を持っているとうかがったが、それを私に見せていただけないだろうか」と頼んだ。

誓紙を後生大事に持っていた官兵衛はためらいつつも、半兵衛にそれを渡して見せた。

すると半兵衛はおもむろに誓紙をびりびりと破り、近くにあった火にくべてしまった。

官兵衛はあっけにとられ、「なぜ…」と聞くと、「このようなものがあると、返ってあなたをダメにしてしまう」と言った。

●半兵衛が官兵衛をかばう

織田の勢力が伸び、毛利との緊張が高まってきた。

播磨では別所氏や赤松氏が毛利に接近し勢力を強めつつある。

秀吉は「万が一官兵衛が毛利方に叛旗をひるがえせば、かえって毒になる」と心配した。

すると半兵衛は「毒、変じて薬となる」と言った。「毒は使い方で薬になる」とは、医者の極意だ。

半兵衛は「官兵衛は毒にも薬にもなる人間だ。用い方でたいへんな働きをする」と言った。

かくして秀吉は中国攻めの先鋒に官兵衛を使うことにする。

●官兵衛こそ真の参謀だ

半兵衛と官兵衛は「二兵衛《にへえ》」と呼ばれ、とくに半兵衛は、「楠《くすのき》の再来、今孔明」と言われた。

秀吉の参謀といえば竹中半兵衛が名高いが、短命だった。官兵衛は秀吉の天下取りから朝鮮出兵まで参加した。参謀を務めた時間は圧倒的に長い。

豊臣秀吉に仕えた
二人の軍師
黒田官兵衛と
竹中半兵衛
二《に》兵《へ》衛《え》と呼ばれる
おまえを弟と
思うぞ
兄弟の誓いを
かわそう
豊臣秀吉
これが
いただいた
誓紙で
ござる
誓
何をする
ぼ～
このような紙を
頼りにすると
怠け心が起きます
竹中半兵衛
できるヤツ

25 500の軍勢で5000の敵を撃退する

多くの紙のぼりで、軍勢に見せかける

●毛利と本願寺を分断せよ

摂津石山本願寺《ほんがんじ》の顕如《けんにょ》は「反信長」だ。毛利と結び、兵糧や武器を運び込ませた。

摂津の荒木村重は「本願寺と毛利との分断」をまかされている。毛利の物資が本願寺に届かないように、輸送のための川を封鎖してしまった。

●毛利は播州攻撃を開始する（英賀《あが》合戦）

天正4年（1576）、英賀衆《あがしゅう》があやしい動きを見せる。英賀は官兵衛のいる姫路の10キロ先の海岸沿いにある。港町を中心に栄える豪族だ。

毛利はまず「織田側に付いた姫路」攻撃を計画する。毛利の属将・英賀城の三木通秋《みきみちあき》5000人が御着城を攻めることにする。大将は浦宗勝《うらむねかつ》だ。

御着《ごちゃく》城の兵はどう見積もっても3000人しかおらず、数では勝ち目がない。ところが官兵衛は城主政職に「兵500を借りたい」と申し出た。政職は驚いた。

5000を相手に500で何ができるというのか。

●官兵衛は兵500で毛利軍5000に勝つ

官兵衛は万という数の紙ノボリを農民に作らせ「よし、と言ったら高く掲げてトキの声をあげろ。上手くできたら褒美をとらすぞ」と言った。

農民たちは面白そうだし、褒美ももらえるのでみな協力する。その数、1万人以上だ。

毛利軍5000が攻めてきた。そこまで近づいたとき、官兵衛の兵500が草むらからいきなり現れる。「よし！」と合図すると、農民たちが一斉に紙ノボリを立てて、トキの声を上げた。

「なんと…！」ノボリを見た毛利軍は「1万以上の軍勢の逆襲」と勘違いする。さながら水鳥の羽音に驚いた平家のごとく、ひるんでしまった。

間髪入れずに官兵衛率いる500の軍勢が毛利軍をたたく。政職の援軍もきて、毛利軍を撤退させた。

英賀《あが》合戦
織田についた小寺を毛利軍が攻撃してきた
御着城
兵3000人
毛利軍
大将
浦宗勝
兵5000人
紙ノボリを作れ
褒美をやるぞ
農民たち
毛利5000が攻めてきた
よし
農民たちはトキの声を上げノボリを立てた
お〜
毛利軍はひるんで撤退した

26

信長への「人質」は、官兵衛のセガレだ

なんと秀吉の正室が預かることになった——

●信長から「人質を出せ」と要求がくる

英賀を撃退した官兵衛は、信長から「でかした」という感状を受ける。そこまでは良かった。しかし、信長は正式に人質を求めてきた。

すでに秀吉から私信でしらせがあったので、小寺政職は覚悟をしていた。

重臣の中には「官兵衛の口ぐるまにのって、織田に付いたが…。賛成しかねる」という毛利派の意見も多い。

当主政職は優柔不断なところがある。この期に及んで「我が子の氏職《うじもと》は病弱だ」と言って人質に出したがらない。

当時は人質を出すことが正式な従属関係の証《あかし》となる。それを拒否となれば、叛旗をひるがえしたに等しいのである。

●官兵衛はセガレ松壽丸《しょうじゅまる》を人質に

しかたなく、官兵衛は「我が子、松壽丸を人質に出しましょう」と提案した。

政職は「そうしてくれるか」と喜びすぐに賛成した。

官兵衛は「殿様の優柔不断は仕方ないが、せめて毛利に寝返らないでほしい」と思った。そうなれば、子供の命が危ない。松壽丸は大事な跡取りだ。

●松壽丸は秀吉の正室ねねが預かる

松寿丸を人質に出すと聞き、幸圓は激しく反対した。無理もない。たった一人の大事な息子なのだ。

しかし、官兵衛の説得により泣く泣く息子を手放す心を決める。

数人の家臣と松寿丸を連れ、官兵衛は信長のいる安土へと発った。

信長は「秀吉の正室、ねねに面倒を見てもらうように」と言った。人質となった松寿丸だが、大切に預かられ、勉強や武芸に励むことができた。

織田信長
人質を出せ
人質を出すことで織田と正式な従属関係となる
わしの子氏職《うじもと》は病弱だ
我が子松壽丸《しょうじゅまる》を出しましょう
松壽丸は私が預かります
どんなことがあってもお守りしますよ
秀吉の妻・ねね
ありがたい松壽丸にとっても何よりの修行になる
松壽丸が後の黒田長政だ

27

秀吉の姫路入り。二兵衛が再会する

2人に任せればまず安心だ

●秀吉は羽柴藤吉郎秀吉と名乗る

信長の中国攻めが始まった。総司令官は秀吉だ。秀吉は長浜城の城主となり、名前も「羽柴」に変えた。先輩の「丹羽《にわ》」と「柴田」から取ったというのは有名だ。信長が「藤原」から「平《たいら》」に変更すると、秀吉も「平」となる。都合のいい男だ。

●自分の姫路城を譲る

秀吉は中国攻めの拠点が欲しい。官兵衛は「自分の姫路城をお使いください」と申し出た。「本丸を片付ける間、とりあえず二の丸にお入りください」と、秀吉を本丸に案内すると、自分は二の丸に移った。

その手際のみごとさ。秀吉は、家臣の堀尾茂助《ほりおもすけ》に「あれこそ、まことの軍略だ。よく見ならえ」と言った。

のちに秀吉は官兵衛に「なんでも相談する」と手紙を送った。「弟の小一郎（秀長）と同様に信頼する」とあり、信頼の厚さがうかがえる。

●竹中半兵衛と再会する

秀吉が姫路にきたというのに、御着城主の小寺政職は挨拶にも来ない。官兵衛はあきれていた。

このとき竹中半兵衛も同行しており、久しぶりに両雄が対面した。

秀吉は「このたびの中国攻めは、2人に任せよう」と言った。

まず、官兵衛が播州の多くの勢力について説明し、半兵衛は軍略を考え始めた。

半兵衛は、官兵衛が「手柄をあげやすい戦略」を立てた。

官兵衛は「これでは私ばかりが得ではないか」と言うと、半兵衛は「あなたは殿の家臣になって日が浅い。たくさん手柄をあげたほうがよろしかろう」と言った。

手柄をあげれば官兵衛の印象がもっとよくなるわけだ。官兵衛は「なんという心遣いだ」と、ますます竹中半兵衛が好きになった。

信長の中国攻めが始まった
大将は羽柴藤吉郎秀吉だ
我が居城
姫路城を
お使いください
あれぞ
まことの軍略
よく見習え
久しぶりに
半兵衛と対面した
2人で軍略を
たてる
これでは私が
得をする
あなたは
殿の家来に
なって日が浅い
たくさん手柄を
あげたほうがよかろう

28 小さな城主たちを口説き落とす

官兵衛は口八丁でほとんどつぶしていった——

●小さな城主たちを口説き落とす

播州は今の兵庫あたりだ。しかし、当時は中国地方の毛利の力が強く、多くの城の城主は毛利派だ。隣国には宇喜多直家がいる。毛利と主従関係はない。この時代、主君や親兄弟を殺すのはめずらしくない。宇喜多直家《うきたなおいえ》は毛利派の謀略《ぼうりゃく》で成り上がった武将。「悪役」として有名だ。

近隣の城主は宇喜多直家を恐れていた。官兵衛は明石左近《あかしさこん》、梶原平三《かじわらへいざ》、別所長治《べっしょながはる》など城主を口説きまわった。秀吉からは「武器を使わないように(干戈《かんか》まじえず)」と命じられていた。

官兵衛はわずか10日間でそれらの城主を口説き落とした。得意の口八丁《くちはっちょう》だ。

●上月と佐用の2つの城が問題だ

秀吉は官兵衛の手腕に驚いた。「たった10日間で全部味方にしたか。別所長治もか」別所は毛利派で、このたび織田になびいたのは一番家老の別所重棟《べっしょしげむね》だ。まだ別所には問題がある。

他に織田に付かない２つの城があった。上月《こうづき》城と佐《さ》用《よ》城だ。両方とも宇喜多直家の影響が強い。この２つをつぶせば、播州を攻略したとみていい。仕方なく、武力を使うことにした。

上月城は姫路から山陰の伯耆《ほうき》・出雲に抜けることができる。交通の要地だ。絶対落としたい場所といえる。

●わざと3方から攻めて城を落とす

官兵衛は「城攻めは三方から攻め、一方開けるのが常道だ。逃げ場を作った方が城兵の死守する気持ちが失せる」と言う。『孫子の兵法』だ。

秀吉は官兵衛の作戦に沿って、三方向から激しく攻撃する。一方を開けておくと、案の定城の兵はボロボロと脱走していった。ついに城主・福原助就《ふくはらすけなり》も討ち取られた。敵５００を討ち取ったという。

播州は毛利派が多い
明石左近
梶原平三
別所長治
弱小城主たち
毛利の圧力
官兵衛はわずか10日で説得する
強大な毛利に対して小国は連合するのです
蘇秦の合従《がっしょう》策
＊合従策…中国戦国時代の思想家・蘇秦が唱えた巨大な秦の圧力に対して小国が連合して対抗する策

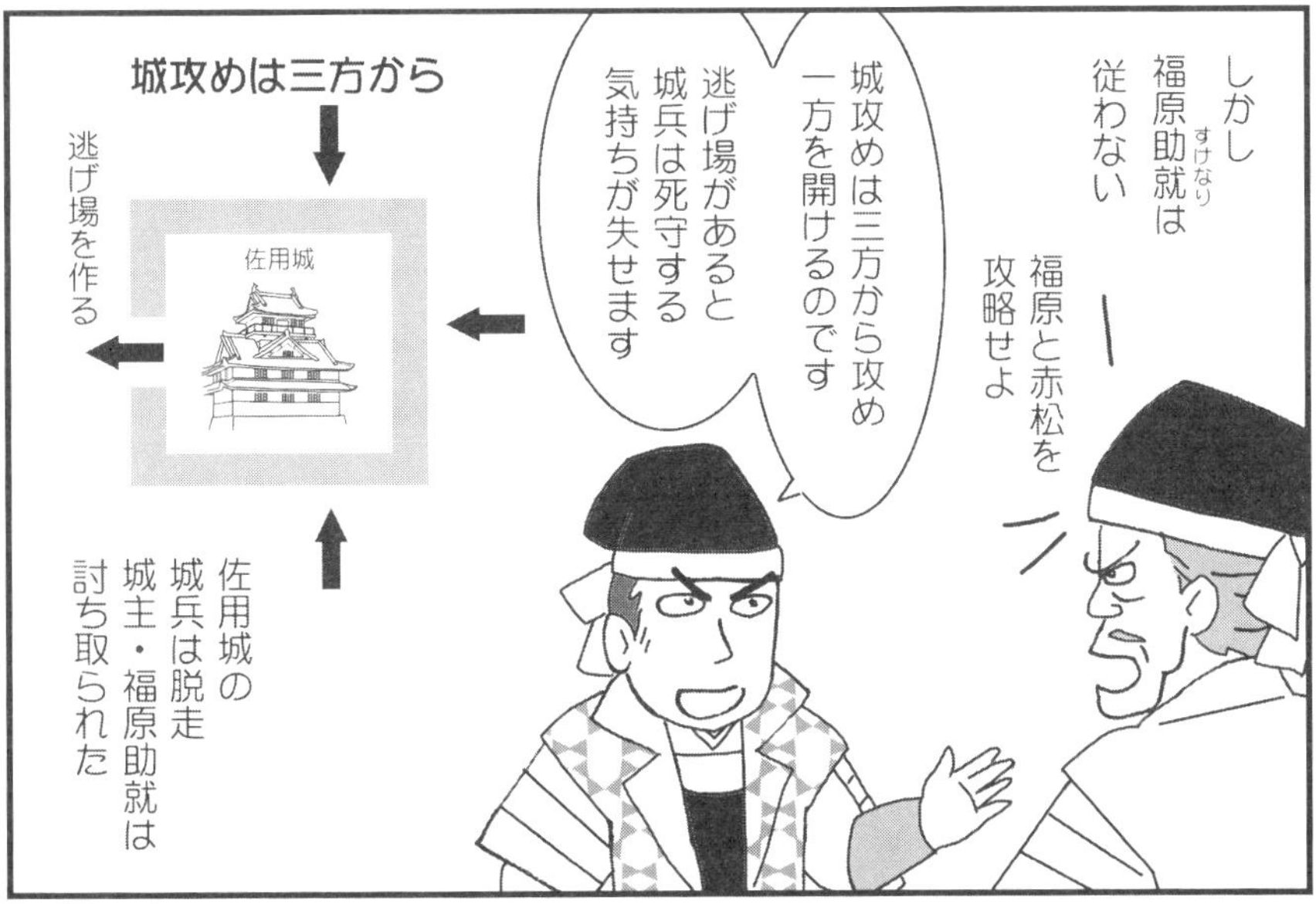
しかし福原助就《すけなり》は従わない
福原と赤松を攻略せよ
城攻めは三方から攻め一方を開けるのです
逃げ場があると城兵は死守する気持ちが失せます
城攻めは三方から
佐用城
逃げ場を作る
佐用城の城兵は脱走城主・福原助就は討ち取られた

Column

猛将列伝 ❸

真田《さなだ》 信繁《のぶしげ》

家康を苦しめた男だ

真田信繁（幸村）も官兵衛のように軍師であり、武将だった。ただし官兵衛と戦ったことはない。長政はニアミスしているがやはり対決していない。

山岡荘八の『徳川家康』（大日本雄弁会講談社）では、信繁の息子・大助がこう言っている。「戦いの好きな武将が3人いる。自分の父と黒田如水と伊達政宗だ」。

関ヶ原の戦いのとき、信繁は信州上田城で徳川本隊の秀忠を足止めし、そのせいで秀忠は関ヶ原に遅参したという。

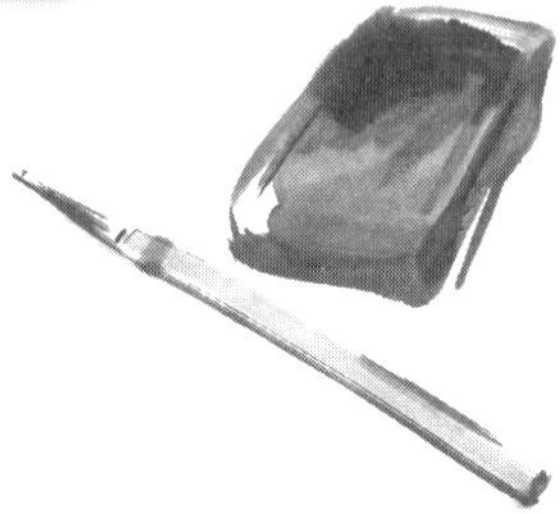

しかし、真田は敗軍だ。紀州九度山に蟄居《ちっきょ》する。家臣には「真田ひも」を売って歩かせた。じつは、これは諸国の情報集めだ。これが忍者伝説や真田十勇士の話になる。

大坂冬の陣のときには、家臣たちと入城するが、頭が良すぎたため、淀殿には好かれない。

大要塞の大坂城に「真田丸」という出城を作り、家康を何度も苦しめる。

家康は信繁に斬り込まれたとき、「もうダメか」と思った。

信繁の最後は無念の討ち死にだった。

第4章

絶体絶命の時代

——新木村重の謀反にあい、土牢に閉じ込められる

29 上月城を攻略して、山中鹿之介に守らせる

水源を絶《た》って、籠城を陥落させた

●秀吉と官兵衛は上月《こうづき》城に転戦する

天正5年（1577）、秀吉の本隊と参謀の官兵衛は「上月城攻撃」に駒を進めた。

宇喜多直家の兵3000が上月城の援軍に来ている。宇喜多軍は秀吉側についた別所重棟《べっしょしげむね》を破った。これを見た官兵衛は、自ら槍を取って、宇喜多軍をけちらしたのだ。

官兵衛の働きによって、宇喜多軍は後退し、ついに城に逃げ込んだ。籠城《ろうじょう》戦の構えだ。

そこで秀吉軍の武将生駒親正《いこまちかまさ》は、城の「水源」を探し、城に入る川を止めてしまった。こうして城は10日で干上がったのだ。

城内では水不足にたえられず、詫びを入れてきた。しかし秀吉はこれを聞かず、子供まで串刺しにし、女性はハリツケにした。秀吉にしてはきびしい対応だ。これはまだ初戦なので「見せしめ」のためだった。官兵衛の活躍に、信長からは感状が送られた。

●秀吉軍に山中鹿《やまなかしか》之介《のすけ》が参戦する

尼子《あまご》氏の遺臣・山中鹿之介は秀吉軍に参加する。山中は毛利に滅ぼされた尼子氏の再興を夢見ており、柴田勝家を通じて、信長に接近する。

信長は山中に期待してはいなかったが、「捨て駒くらいにはなるだろう」と、秀吉にまかせることにした。

もともと秀吉は山中鹿之介をよく知らなかった。しかし、信長に言われ配下に置くことにした。

山中は家臣に強そうな名前を付けた。それが「尼子十勇士」として伝えられ残っている。

●山中鹿之介が入城する

山中鹿之介はわずかな家臣とともに上月城を守ることになった。官兵衛はさっそうとした山中を見て「あれが山中鹿之介か」と感心する。播州はほとんど平定したようなものだ。信長は秀吉に「一度、報告に安土に帰ってこい」と言った。

官兵衛の槍働きで
宇喜多直家率いる
毛利軍が後退した
宇喜多は
上月城に
逃げ込む
生駒親正
水源を
断ちましょう
上月城の兵は干上がった
宇喜多直家は降伏
上月城は尼子の遺臣
山中鹿之介が守る
ことになった
尼子勝久
山中鹿之介
宇喜多直家
あれが
山中鹿之介
か…

30

軍議の席に多くの城主が出席した

別所からは、城主の叔父が出てきたが…

●加古川《かこがわ》で軍議が開かれた

天正6年（1578）、加古川で軍議が開かれた。

加古川は御着のそばで海岸線に近い。多くの武将が集まるには便利な場所だ。

官兵衛が口八丁で口説いた明石、梶原、別所が集まる。

前述したように、もともと二番家老の別所重棟《べっしょしげむね》は信長寄りだが、今回は城主別所長治《ながはる》の叔父・別所賀相《よしすけ》が出席した。賀相は50歳ほどの皮肉っぽいオヤジだ。

秀吉を「足軽あがり」といって、小馬鹿にしている。「毛利の大軍が攻めて来たら、ひとたまりもないぞ」と、まるで毛利の味方をするような意見だ。

●別所賀相がガンだ

別所賀相の態度を秀吉はまったく気にしなかった。秀吉は余裕の表情で「ハカリゴトは別でござる。貴殿方は命令に従って戦えば、必ず勝つ」と言い切った。

これを聞いて別所賀相は不満げに席を立った。

官兵衛は「この賀相が病巣だ。賀相が別所家をまとめて叛旗をひるがえすかもしれない」と、直感した。この官兵衛の予感は当たってしまう。

しかし、秀吉はこう考えていた。「むしろ、別所長治が裏切ったほうがいい。すべて調略で播州を制圧してしまったら、かえって『不安定』な状態になるだろう」

秀吉は「別所を力ずくではぎ取れば、信長政権を敷きやすい」と思っていたのだ。

●別所長治が叛旗をひるがえす

結局、長治は叔父の賀相の言葉によって、秀吉に叛旗をひるがえすことになった。東播磨8郡43万石、8000の兵が毛利に付くことになる。

もともと別所は赤松氏の流れで、この一帯の侍は赤松氏の流れをくむ者が多かったのだ。

加古川で軍議が開かれた
毛利の大軍が攻めてきたらひとたまりもない
別所賀相《よしすけ》
足軽上がりめ
秀吉のこと
別所賀相が病巣だな 別所は裏切るかもしれない
官兵衛の予想は当たる
東播磨 43万石 兵8000
三木城城主 別所長治は織田に反旗をひるがえした
むしろ別所が裏切ってくれたほうがいいんじゃ
播州を力で制圧したほうが織田政権を敷きやすいからのお

31

別所の裏切りで、多くの武将が毛利派になる

宇喜多直家《うきたなおいえ》も叛旗をひるがえす

●官兵衛の息子が別所と縁組みさせられる？

居城長浜では急きょ兵の募集をかけ、なんとかかき集めた。秀吉は農民から足軽になった男だから家臣がいない。それが弱点だ。

別所賀相が裏切るのはほぼまちがいない。別所重棟は秀吉軍に参加した。秀吉はさらに別所に対する攪乱《かくらん》のため、重棟の娘と官兵衛の息子・松壽丸《しょうじゅまる》を結婚させようとした。しかしあまり発展はなかった。

播州の多くの城主は別所に心を寄せている。別所は神吉《かんき》城、淡河《おうご》城、野口城、端谷《はだに》城などに檄《げき》を飛ばした（戦いの報せをすること）。それぞれの城は籠城《ろうじょう》戦の準備を始める。

はたして秀吉の周りは敵だらけになった。背後には毛利がいる。足利義昭が背後で糸を引いているらしいが、信長にとって、義昭はとっくに「用済み」だ。

●別所は本願寺ともつながっていた

別所の裏切りの影響は大きい。御着城でもまた「反・信長派」が盛り返してきた。

信長は「別所を使って、毛利にあたらせる」という心づもりだったが、別所の裏切りの影響は大きく「反・信長」は燎原《りょうげん》の火のように広まったのだ。

●宇喜多軍も毛利派になる

さらに宇喜多直家が反・信長になびきそうだ。直家は損得でコロコロ態度を変え、信用できない男だ。

毛利から宇喜多直家に「上月城を攻めよ」と命令があった。直家は毛利派に付いたほうが分が良さそうだと考え、兵を出した。

上月城は山中鹿之介がわずか７００ほどの兵で守っている。宇喜多軍１万４０００は上月城を取り囲んだ。さらに毛利から小早川軍２万、吉川軍１万が到着する。しかし、毛利軍は上月城を攻めなかった。秀吉は「毛利は慎重すぎる」とあきれていた。

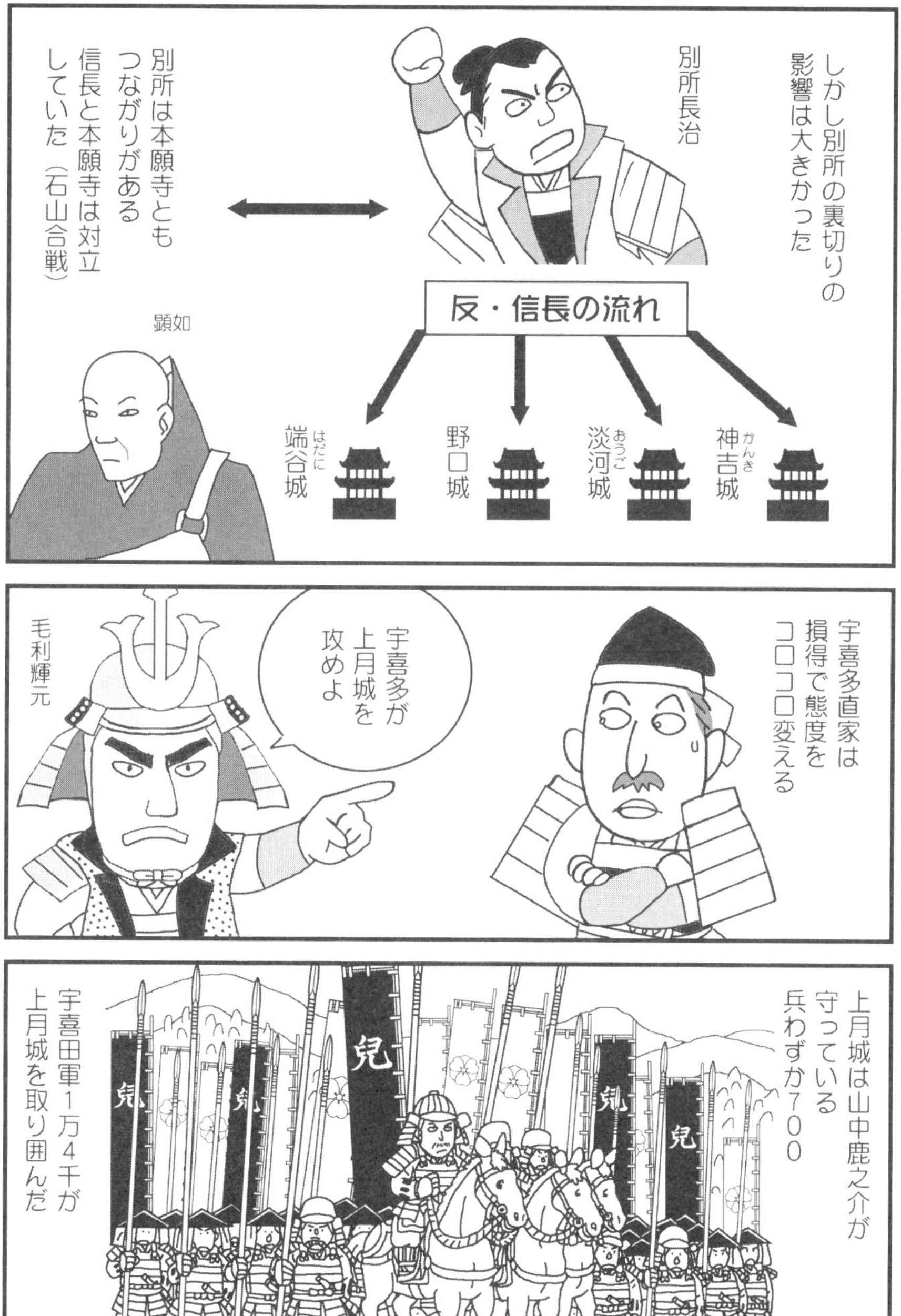
しかし別所の裏切りの影響は大きかった
別所長治
反・信長の流れ
神吉《かんき》城
淡河《おうご》城
野口城
端谷《はだに》城
別所は本願寺ともつながりがある
信長と本願寺は対立していた（石山合戦）
顕如
宇喜多直家は損得で態度をコロコロ変える
宇喜多が上月城を攻めよ
毛利輝元
上月城は山中鹿之介が守っている兵わずか700
宇喜田軍1万4千が上月城を取り囲んだ

32

小競り合いで、官兵衛は毛利を撃退する

荒木村重が増援部隊として参加する

●荒木村重はシブシブ参加する

信長の家臣には「有能な武将」が多い。柴田、滝川、明智、羽柴などだ。しかしみな個性が強すぎてまとまらない。

秀吉は「増援部隊を頼む」と信長に頼んだ。信長はそれぞれ武将に援軍を出すよう伝える。しかし「羽柴の手柄になるのはイヤだ」と武将たちの腰は重い。といっても信長にはさからえない。

柴田も滝川も明智も本人は行かず、家臣が兵を連れて秀吉のもとに向かった。しかし荒木村重だけは自ら増援部隊に入り、秀吉の救援に向かうことにした。

●官兵衛は奇襲攻撃で毛利軍を撃退する

加古川の別府城は別所重棟が守っていた。この別府城に毛利輝元の兵8000が襲いかかる。官兵衛は精鋭500を連れ、ひそかに城に入った。

輝元は「城兵はさほどのことはあるまい」と油断していた。そこへ城から精鋭部隊が斬り掛かってきた。官兵衛は兵500で8000を撃退してしまう。

官兵衛は荒木村重1万と合流し、上月城の鹿之介を助けに向かった。

●上月城を見捨てろ

官兵衛と村重は、鹿之介が守る上月城に向かった。上月城近くの高倉山に陣を張り、まさに攻撃しようとしたとき、信長から「上月城を捨てろ」との命令が来た。

毛利軍が攻め込んできたのだ。少ない秀吉軍を2手に分けることは不合理だ。

目先の上月城はいま苦しんでいる。村重はこれまで「信長の冷たさ」に何度となく、苦渋を飲まされてきた。不信感は募っていく。

官兵衛と村重は高倉山の陣を撤収し、秀吉本隊と合流する。鹿之介への援軍の見込みはなくなった。上月城はわずかな兵で落城してしまったのだ。

秀吉の救援に行け
羽柴の手柄になるのはイヤだ
柴田勝家
明智光秀
滝川一益
荒木村重は秀吉の救援に向かった
官兵衛は荒木と合流して山中鹿之介を助けに行こうとする
上月城は見捨てろ秀吉本隊と合流せよ
信長は冷たい
荒木に信長への不信感がめばえた
上月城の尼子勝久らは自刃上月城は捨て駒にされたのだ
山中鹿之介は捕えられ護送中に死ぬ

33

荒木は官兵衛を織田軍に引き入れた人だった

荒木村重は有力なスカウト組だ

●荒木村重は能力を買われ、大出世

荒木村重は前述したように、摂津池田家に仕えていた。お家騒動の混乱で池田家を掌握し、その手腕を買われ織田家に移される。さらに足利義昭を攻めたときの戦いぶり、三好家との戦いで評価され、摂津一カ国をまかされた。摂津は官兵衛の播磨と隣接する。

かつて村重が官兵衛と直接交渉してを織田方に引き入れた。いわば、官兵衛を織田派にした張本人だ。その後も織田と官兵衛との連絡係になっている。

●信長への不信感が芽生える

信長の「上月城を捨てろ」という非情な命令に、官兵衛と村重は反感を覚えた。一方で撤退せざるを得ない状況にあるという理屈はわかっていた。しかし、目の前で鹿之介が苦しんでいるのを助けないのは苦しい。

最終的に官兵衛と村重は鹿之介を見殺しにした。村重に寂しさが残った。

信長の徹底的な合理主義はその頃の侍たちには理解されない。ただの「冷たい人」と見えていた。のちに、村重は謀反を起こす。はっきりした理由はわからないが、この頃のことが引き金になっていたようだ。

●信長から屈辱を受ける

信長と村重の有名なエピソードがある。信長が村重を這いつくばらせ、モチに刀を刺し「これを食え」と命じたことがある。村重のプライドはこれを許さなかった。

村重は摂津一帯を支配している。摂津石山には本願寺があり、一向宗の門徒も多く、村重は一向宗に対して好意的だ。

信長が本願寺を力攻めしようとしたとき、村重は「大坂の川を封鎖して、毛利の兵糧《ひょうろう》を遮断するほうがいい」と主張した。信長の作戦に逆らったのだ。

荒木村重
池田氏の家臣だったが
信長に手腕を買われ
織田へ移った
摂津一帯を支配している
信長に
仕えよ
官兵衛を織田方に
引き入れたのが
荒木村重だ
しかし
信長の合理主義は
そのころの侍には
理解しがたい
本願寺を
攻めるぞ
焼き討ち
じゃ～
大坂の川を
封鎖して
毛利からの兵糧を
断つほうが
よろしいかと…
荒木村重は
信長の意見に逆らったのだ

34 三木の干ごろしという兵糧攻めで攻撃する

常識を覆す城攻めで、別所長治を破る——

●三木合戦のノロシが上がった

天正6年（1567）、前述したように加古川で軍議が行われる。その場で別所賀相《べっしょよしすけ》（別所長治の叔父）は決別し、別所長治は戦いのノロシを上げた。

長治は三木城に立て籠る。三木城は摂津と播磨の国境にある。今でいう明石や淡路島にも近い。

当時播州は「兵農分離」が進んでおらず、城兵には農民が多い。また二番家老の別所重棟《しげむね》は織田派になり、三木城にはいない。

秀吉は「三木城をどう落とすか」と、官兵衛に相談した。「城攻めには城兵の3倍の兵力がいる」というのが常識だ。城兵は8000。秀吉軍も8000だ。力攻めをしてもムリだ。

もし毛利から援軍が来れば、挟み撃ちにあう。攻め方が難しい。

●世に言う「三木の干ごろし」

官兵衛が考えたか、あるいは竹中半兵衛が考えたのか。秀吉軍は独創的作戦を立てる。城の周りに柵を作り、さらにその周りにも柵をつくる。4里四方という。かなり大きいもので、対城とか付城という砦《とりで》（城）を5、60作ったという。

いわゆる「兵糧攻め」だ。外からの食料補給を断つ作戦だ。「三木の干《ひ》ごろし」といわれる。

のちに秀吉は「土木工事好き」のように言われるが、べつに好きでやっているわけではない。

●別所重棟の助命嘆願

毛利は別所に対して様々な方法で食料を運び込もうとするが、見張りの砦が多くむずかしい。だんだん城内の食料が尽き、餓死者は1000人にも及んだ。

城内では馬の飼い葉まで食べた。馬、牛、鳥、犬まで食べる。別所重棟は、城主の別所長治など重臣の切腹と引き換えに、城兵の助命を訴えた。

別所長治は
三木城に立て籠った
三木城を
どう落とすか
城攻めは
城兵の3倍の
兵力が
いります
三木の干ごろし
官兵衛は城のまわりに
砦をめぐらし外からの
食料を断った
餓死者が
1000人出た
別所長治は切腹し
三木城は落城した

35

後藤又兵衛が300の兵とともに立て籠る

別所長治とともに反乱を起こす

●後藤又兵衛は源氏の本流だ

後藤《ごとう》又《また》兵衛《べえ》基次《もとつぐ》という男がいる。後藤の家は、もともと源氏の悪源《あくげん》太《た》義平《よしひら》（後藤兵衛実基《さねもと》の子・基清《もときよ》）を祖としている。

義平は、頼朝や義経の異母兄だ。簡単にいうと、後藤又兵衛は「源氏の本流」だ。

後藤家は播磨を中心にして点在しており、別所ともなじみがあった。

秀吉は上月城攻撃のとき男女２００人を惨殺にした。「これが信長の正体」と、毛利方が風評を流し、後藤家は「反・信長」を決めたという。

又兵衛18歳のとき、別所長治が叛旗をひるがえした。又兵衛も３００の兵とともに南山田城に立て籠ったのだ。

●又兵衛は官兵衛の説得で開城する

一族は徹底交戦したが、落城する。

又兵衛の南山田城など、秀吉軍にとっては鎧袖一触《がいしゅういっしょく》（かんたんにつぶせること）だ。

又兵衛の老臣に後藤将監《しょうげん》という者がいた。将監は官兵衛を知っており、又兵衛に「官兵衛という男は大した男だ。信用しなさい」と言った。

「ここで戦って絶えるより、家名を再興したほうがいい」と。又兵衛の南山田城は、官兵衛の説得によって開城する。

●三木城は落ち、又兵衛は帰農する

又兵衛の家臣は帰農した。後述するが、このあと官兵衛に思わぬ災難が降りかかる。村重の摂津《せっつ》有岡《ありおか》城に行ったきり、帰ってこないのだ。「官兵衛が謀反《むほん》を起こした」というウワサが飛び交った。

官兵衛の行方はわからないまま、官兵衛や竹中のアイデアの「干ごろし」作戦は続行する。三木城は苦しんでいるが、落城にはまだまだ時間がかかる。

後藤又兵衛
先祖は源氏の悪源太義平《あくげんたよしひら》
頼朝や義経の異母兄だ
上月城落城のあと
女子供も信長に
惨殺された
残忍な…
これが信長の
正体か
後藤は反・信長になる
又兵衛は南山田城を守り
秀吉軍と抗戦の構えだったが…
老臣の後藤将監《ごとうしょうげん》にさとされる
官兵衛という男は
信用できる
それより家名を
残したほうがいい
又兵衛は官兵衛の
説得に応じ開城した

36 荒木村重が謀反。官兵衛が説得する

ひそかに官兵衛の殺害計画が進んでいた――

●荒木村重の謀反のウワサが流れてきた

天正6年（1578）、「荒木村重が謀反を企てている」というウワサが流れてきた。村重は「兵糧攻め」にあっている別所や本願寺に食料を送っていたのだ。この行為は信長にとってショックだった。村重は中国支配の「要石」だ。

秀吉は「荒木を織田派に引き止める工作」を蜂須賀小六にまかせた。

蜂須賀小六といえば、秀吉の出世を助けた男、いわば家臣のトップだ。しかし蜂須賀は説得に失敗する。村重はやはり「織田派を離脱する気持ち」になっていた。信長は、官兵衛に村重を説得させることにした。

●官兵衛の殺害計画があった

官兵衛の御着城でも、別所長治の叛旗とともに毛利派が盛り返す。

もともと老臣たちは官兵衛が気に入らない。それどころか「いっそ官兵衛を殺害しよう」と計略を練っていた。みんなで襲いかかれば、官兵衛1人ぐらいなんとでもなる。

そんな「謀議」がまとまった。そのとき、官兵衛が単身で有岡城の荒木村重を説得に行くという。

老臣たちは村重に手紙を送る。「官兵衛を殺害してくれ」というのだ。

●官兵衛は一人で有岡城に向かう

そもそも官兵衛を織田派にいれたのは村重だ。官兵衛は「もし、まだ織田派に留まる気があるなら、説得してみよう」と可能性を信じていた。

そこで単身、有岡城に出かけるという行動に出たのだ。「多くの家臣を連れて行けば警戒するだろう。会ってくれないかもしれない。単身なら村重と会えるかもしれない」

しかし、これがまずかった。

荒木村重謀反の噂
荒木を説得するのだ
御着城でも謀略があった
毛利派の老臣
官兵衛を殺せ
荒木村重に頼もう
官兵衛は単身で荒木の説得に向かう
家臣を連れて行くと警戒して会ってくれないかもしれない
有岡城

37 有岡城の土牢に放り込まれる

死を待つばかりの身になった

●土牢に放り込まれる

官兵衛は単身で有岡城に向かった。城に着き、姓名を名乗ると城が騒然となった。多くの兵が出てきて、官兵衛を後ろ手に縛った。そして「土牢」に放り込まれたのだ。

江戸時代の牢とちがい、この時代の牢は「自然死させる」ためのものだ。放り込まれたら「死」を待つしかない。

牢の中で官兵衛は村重との面会を叫ぶ。しかし、まったく叶う気配はなかった。

牢は城とは別の建物で、ほとんど日が差し込まなかった。後ろは竹やぶのようで、その向こうは池になっていた。

また、立ち上がるほどの高さがない。いつも座っている状態で足が伸ばせない。

官兵衛は片足が悪いというイメージがあるのは、このとき痛めたせいだ。

●牢番が世話を焼いてくれた

牢番が何人か交代で見張っている。世話というほどのことはない。一日2度の飯は雑穀の握り飯と汁だ。あとは死を待つばかりだ。

牢番は口をきかず、官兵衛が何か頼んでもほとんど無視だ。

『播磨灘物語』（司馬遼太郎／講談社）には牢の描写が詳しい。加藤又左衛門という牢番が出てくる。官兵衛の世話をやき、わらの束を入れ、寝やすくしてくれた。

また会話を交わすこともあったという。

どうやら村重は官兵衛を殺す気ではなかったようだ。

●黒田の家臣は「裏切らない」と誓い合った

官兵衛の家臣たちには「官兵衛は絶対裏切らない」という確信があった。起請《きしょう》（誓いのことば）を作り、結束することを約束する。

信長にも「自分たちは今後も信長派だ」と手紙を送る。

官兵衛は城兵に
捕まってしまう
小寺
官兵衛だ
荒木殿に
お目通り
願いたい
土牢に放り込まれた
立ち上がることも
できない
死を待つばかりだ
牢番の加藤又左衛門が
世話をしてくれた

38 竹中半兵衛が官兵衛の息子をかくまった

「殺した」とウソの報告をした

●竹中半兵衛が信長に進言した

官兵衛が有岡城に行ったきり帰ってこない。信長は「官兵衛が裏切った」と考え、「人質を殺せ」という。

このとき、秀吉の軍師竹中半兵衛が信長に進言した。「官兵衛は信義の人だ。裏切るようなことはしない。黒田家を敵方に回すようなことをしてはいけない。何か子細があるはず」と。

しかし、信長は考えを変えなかった。

黒田の家臣からは「どうあってもお味方する。人質を助けてくれ」という起請がきた。これは半兵衛が書かせたらしい。

●半兵衛が松壽丸をかくまう

半兵衛は一計を案じる。

長浜にいる松壽丸を「殺す」という名目で預かることにした。

半兵衛の領地は美濃の山奥の菩提山にある。ここに松壽丸を連れてきて、かくまうことにした。ここならばだれにも見られない。まず安心だ。

吉川英治の『黒田如水』では、松寿丸のクビの代わりに水死体の子供のクビを切って、信長に差し出す。芝居である「ニセクビ」だ。

ともあれ、竹中は「松壽丸を殺しました」と秀吉に報告する。信長も秀吉もそれを信じた。

半兵衛は黒田家にも黙っていたため、「半兵衛が松壽丸を殺した」と思われ、みな口々に悪口を言った。

半兵衛はこのときすでに病身だった。

●半兵衛は「してやったり」

知らぬ顔の半兵衛は「してやったり」だ。しかし惜しいことに、半兵衛は三木合戦の最中、陣中で亡くなってしまう。

のちに官兵衛は「松壽丸が生きていたこと」より、半兵衛の行為を喜んだ。

官兵衛が
有岡城から戻らない
さては官兵衛
裏切ったな
人質を殺せ
竹中半兵衛
わが殿は
これからも
信長様の
お味方です
人質を助けて
ください
半兵衛は松壽丸を
殺したことにして
美濃の山奥にかくまった
半兵衛は三木合戦のとき
陣中で亡くなる
肺の病とされている

Column

猛将列伝 4

島《しま》 左《さ》近《こん》

黒田長政と渡り合った

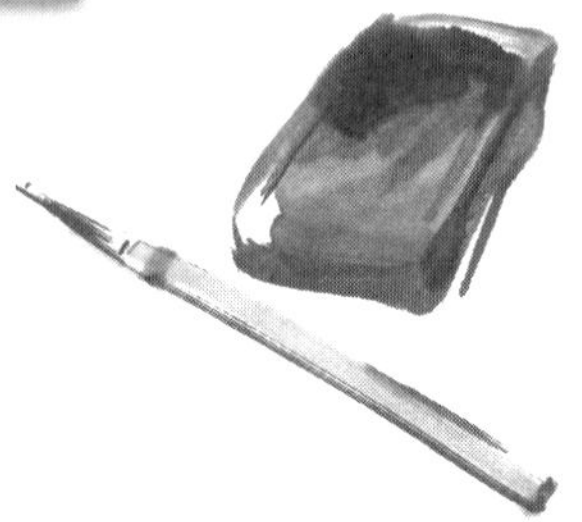

「島清興《きよおき》」ともいうが、島左近で通っている。石田三成が三顧の礼で自軍の武将に引き抜いた。

そのとき、自分の禄の半分を島左近に与える。当時、石田三成は4万石。家臣の島は2万石になった。

これを見た秀吉は「主人と家臣が同じ禄というのはおかしい」と笑ったという。

朝鮮出兵のときは獅子奮迅の働きを見せる。秀吉が死に、家康の命を狙って屋敷に忍び込むが、仲間と呼吸が合わず、失敗した。

関ヶ原の戦いにおいて島左近は西軍の1番の猛者《もさ》だ。

東軍の飛車角は、福島正則と黒田長政。左近の相手ができるのはこの二人ぐらいだ。

左近の正面を長政がとる。左近は長政に斬り込み、激闘になったところ、横合いから黒田の鉄砲隊で島の軍が崩れ、長政の勝利かに見えた。

ところがなんと、左近は軍を立て直し、長政に向かって突進してきたのだ。その形相がとてつもなく恐ろしかったという。

なんとか黒田軍は鉄砲で抗戦し、島左近を討ち取った。

のちに左近について、黒田の武将たちが話しをすると、みな感想がバラバラだ。「島左近の姿」をちゃんと覚えている武将がいない。みんな怖くてヤミクモに鉄砲を乱射していたのだ。

第5章

復活。攻撃開始

――毛利攻め、鳥取、四国、そして高松に攻撃する

善助、官兵衛の居場所を突き止める

外では着々と状況が変化していた

●ジタバタしてもしかたない

官兵衛の1年にも及ぶ土牢生活は想像を絶するものだった。最初は牢番にあれこれ言ったり、脱獄を考えたりした。しかしジタバタしてもしかたない。

雑穀の握り飯も食えるようになった。糞尿の匂いにも慣れた。何も考えることをせず、悟りにも似た心境だ。

土牢の小さな窓には藤の花が見えたという。官兵衛は「外へ出たときに命があったら、藤を家紋にしよう」と思った。黒田家の家紋は橘《たちばな》だ。

●栗山善助が官兵衛の居場所を突き止める

黒田家の家臣に栗山善助という者がいた。彼は官兵衛の消息を探るため、有岡城にやってきた。

有岡城の出入りの商人に伊丹の銀屋《しろがねや》新七という者がおり、善助は面識があった。

善助は銀屋を使って有岡城の侍に探りを入れ、官兵衛が土牢に閉じ込められているのを突き止めた。

土牢は城に隣接し、番卒がいる。とても近づけない。しかし、土牢の裏は竹やぶと池になっている。その池を泳いでいけば牢に近づけるはずだ。

●信長は荒木を孤立させる作戦に出る

荒木村重の有岡城の守備体制は堅固だ。信長は「これはなかなか落ちない」と見て周りを取り囲む作戦に出た。各所に砦（相城）を作り、武将に守らせ「攻撃するな」と言って安土に戻った。

村重の一族に高槻《たかつき》城主高山右近《うこん》と茨木《いばらき》城代中川清秀《きよひで》がいる。ともに織田の家臣であったが、村重が謀反を起こすとそろって織田派を離反する。

信長は高山と中川に総攻撃をかけ、高山と中川はあっけなく落ちた。

これで村重は孤立してしまった。あとは毛利が頼りだ。しかし、毛利は慎重すぎてなかなか動かない。

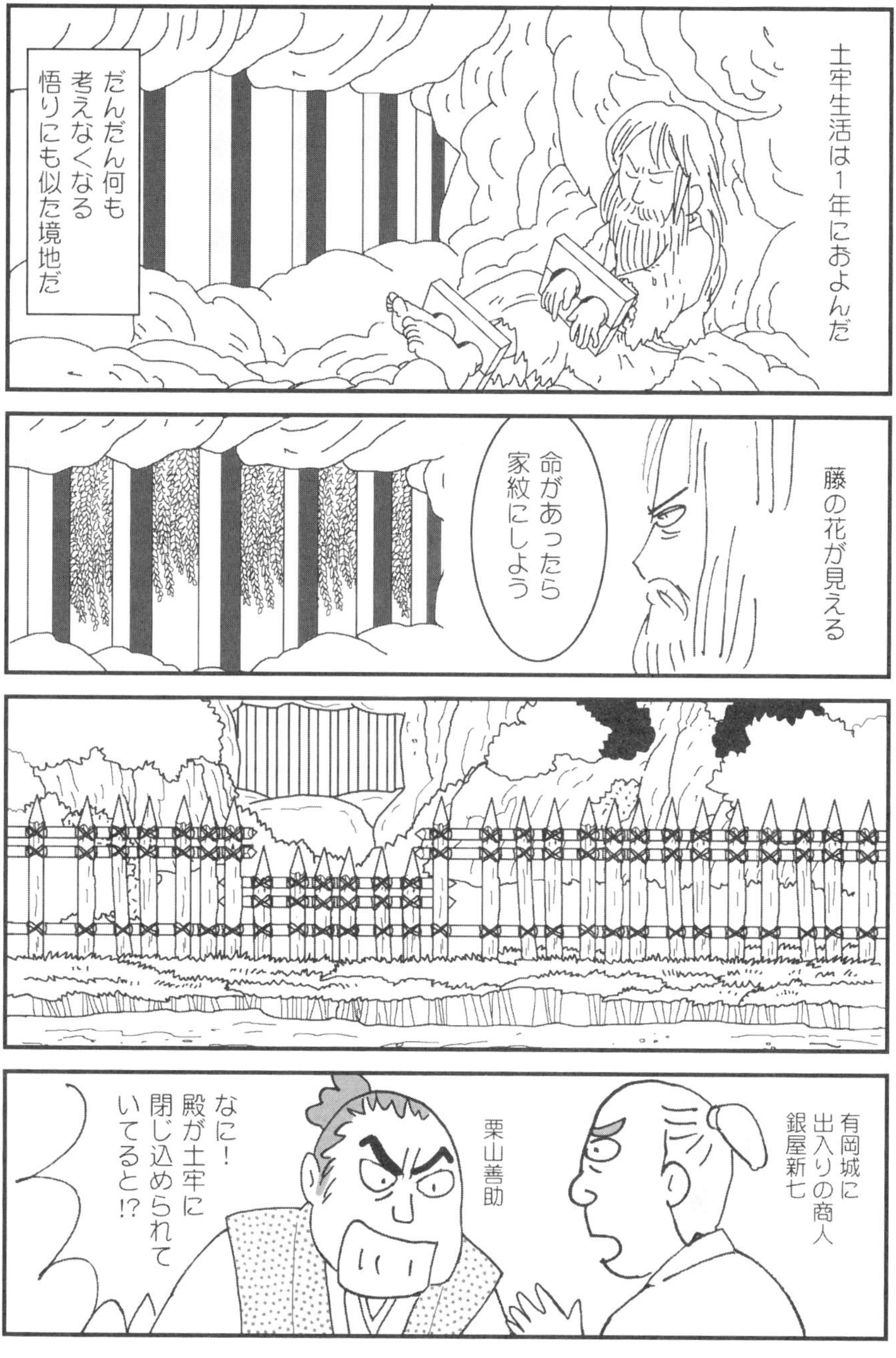
土牢生活は1年におよんだ
だんだん何も考えなくなる悟りにも似た境地だ
藤の花が見える
命があったら家紋にしよう
有岡城に出入りの商人銀屋新七
栗山善助
なに！殿が土牢に閉じ込められていてると!?

40 善助、官兵衛に接触する

長引く戦《いくさ》。救出のタイミングをはかる

●善助が官兵衛と接見する

善助は、銀屋新七の案内で城の北側に出た。池の表面にはびっしりと藻が茂り、泳げる状態ではない。善助は「殿の苦難に比べればこんなもの」と、小刀をだけを持ち、池をくぐることにした。もし番卒に見つかったら、一巻の終わりだ。

悪戦苦闘の末、なんとか善助は土牢まで泳ぎついた。中をのぞくと官兵衛がいる。頭ははげ上がり、背はエビのようにまるくなっていた。哀れな姿だ。

善助が「との!」と声をかけても、官兵衛は空耳だと思い、動かない。

何度か呼んでいるうちに、官兵衛の目は声のする方へ向く。「善助か!」もう助からないと思っていたが希望の光が差し込んだ。しかしまだ今は助けられない。

有岡城が落ちない限り、土牢を破り手かせ足かせを切って出ることはできない。

●枝葉をできるだけ刈る

戦いは長引きそうだ。信長は佐久間信政《さくまのぶまさ》、筒井順《つついじゅん》慶《けい》、明智光秀《あけちみつひで》に三木城の別所長治《べっしょながはる》を攻撃させた。本願寺と毛利は簡単につぶせない。信長はまず「枝葉をできるだけ切る作戦」に出たのだ。

村重は孤立した。毛利に援軍の催促をするが、毛利は動かない。籠城は次第に苦しい状況になってくる。

この間、善助はこの後数回にわたって土牢に行き官兵衛に戦況を報せた。

●ついに、村重が逃げ出す

村重は「もう毛利の援軍はこない」と判断した。天正7年(1579)秋、村重は5、6人の家臣とともに城を抜け出し、尼崎《あまがさき》城に落ち延びる。

城主不在の有岡城は士気が落ち、織田の総攻撃で炎上する。黒田の家臣たちは土牢の扉を破壊し、手かせ足かせを取って、官兵衛を救出した。

栗山善助は どろどろの池を泳いだ
殿の苦難に 比べれば こんなもの
殿！
おまえは… 善助か
殿 すぐにお助け 申し上げます
荒木村重は 孤立していた
毛利の援軍が 来ない
天正7年（1579）秋 荒木は尼崎城に 落ち延びた 有岡城は炎上した

41

救出された官兵衛は信長と対面する

信長は官兵衛に合わせる顔がない

●官兵衛は有岡城を脱出する

10月16日、有岡城は炎上して落城した。黒田家の家臣たちは官兵衛の前に膝まずき、「殿、よくご無事で」と、涙ぐんだという。

1年間土牢から出ることがなかったため官兵衛は歩けない。足は曲がったままだ。

家臣たちは木の板で担架を作り、官兵衛を乗せ城の外に運び出した。

織田方の侍がいる場所に向かった。門番に「あやしいヤツ、名を名乗れ」と問われ、「黒田官兵衛」と答えたという。

真偽のほどはわからないが、官兵衛は「小寺」姓を名乗りたくなかったのではないか。一年後、御着城は破壊され、完全に黒田官兵衛に戻った。

●信長は「会わせる顔」がなかった

信長の陣は寺にあった。有岡城は落とされ、信長は上機嫌だ。お付きの侍が「黒田官兵衛がお目通り願いたいと参上している」と伝えた。

信長は「官兵衛は裏切ったもの」と信じている。しかし「村重によって、土牢に閉じ込められていた」と聞き、目通りを許した。そこには戸板に乗せられ、ボロボロの服を着て、皮膚病に冒され、足の曲がった老人がいた。

信長は合わせる顔がなかったという。ほとんど調べもしないで、人質を殺したのだ。

●竹中半兵衛が死んだと知らされた

半兵衛は三木合戦の陣中で死んだ。官兵衛は「惜しい人をなくした」と思った。

信長も秀吉も、官兵衛すら、人質の松壽丸は死んだと思っていた。

しかし、半兵衛の機転によって菩提山にかくまわれていた松壽丸は、しばらくのちに帰還する。

殿よく
ご無事で
官兵衛か
わしは人質を
殺してしまった
松壽丸は
竹中半兵衛に
かくまわれていて
無事だった
しかし半兵衛は
三木合戦の
陣中で
病死して
いた

42

小寺は城を捨てて逃げてしまった

戦場で移動しやすい籠を作った

●温泉で体が回復してきた

1年以上の幽閉生活でボロボロになった体を癒すために官兵衛は有馬の湯に行くことにした。回復して早く復帰したい。しかし曲がった足は生涯治りそうもない。

官兵衛は「いにしえの諸葛孔明は4輪の車に乗っていたぞ」と板で輿を作ったが、かえって動きにくい。戦場ではもっと動きやすい籠のような形にした。2人ぐらいで担ぐとあんばいがよかった。しだいにふだんは一人で歩けるほど回復した。

●秀吉とも会い、陣立てについて進言する

負傷しているとはいえ、主君の前で足を投げ出すのは失礼だ。官兵衛は薄い物を足にかけ、秀吉に会う。

秀吉は官兵衛との再会をとても喜んだ。早速、今後の陣立てについて官兵衛の意見を求める。

三木城も間もなく落城する。後藤将監から託された後藤又兵衛基次が残った。別所長治と老臣たちは切腹して果てる。

重棟は「少しでも城兵を助けたい」と進言したが、殉死者は多かった。信長のサディスティックなやり方が影響したようだ。

三木城が陥落し、小寺政職は御着城を捨てて逃げてしまった。小寺氏の子孫は、のちに官兵衛の息子・長政によって召し抱えられる。官兵衛は少しでも「主君の恩に報いたい」と思った。

●信長は本願寺と講和する。

天正8年（1580）、信長は三木城陥落をきっかけに、本願寺と講和することにした。正親町《おおぎまち》天皇の裁定だ。石山合戦が終わる。

本願寺の門徒衆（信者）の固い結束力には手をやいていた。これで三木城、荒木村重、本願寺、摂津と播州の切り取りを終えた。これで毛利を攻める体制ができた。

官兵衛は温泉で療養する
足が悪いのは生涯治らなかった
戦場ではカゴを担いでもらい移動した
諸葛孔明は4輪の車に乗っていたぞ
三木城が陥落した別所長治は切腹
信長は石山本願寺と講和する長い石山合戦が終わった元亀元年（1570）から天正8年（1580）まで続いたのだ
あとは毛利攻めだ

43 毛利攻めのため、姫路城を再建する

息子松寿丸が生きていた

●信長は毛利攻めに移った

本願寺と和解し、信長は毛利攻めにシフトした。秀吉が使っている「姫路城」が本当に橋頭堡《きょうとうほ》（前線基地）になる。

毛利方は山陰を吉川元春、山陽を小早川隆景が固める。毛利の橋頭堡《きょうとうほ》は鳥取城だ。御着城は取り壊される。秀吉は官兵衛に「姫路城の普請《ふしん》（築城）」を依頼する。現在の姫路城に近いものができる。

はじめは三木城を使おうとしたが、姫路は陸と海、両方の交通の便がよい。しかも、毛利側に深く入っている。そのため、秀吉は姫路を使い続けた。

●息子の松壽丸生存の報せ

官兵衛によい報せがあった。死んだと思っていた松壽丸が生きていたのだ。官兵衛は涙したという。半兵衛がかくまっていたということを知り、息子が生きていたことより、半兵衛の行為を嬉しがった。

じきに松壽丸は返されることになる。体は大きくなり、元服して「長政《ながまさ》」と名乗った。

官兵衛は後藤又兵衛を長政の教育係にした。ところが、又兵衛はすぐに「殿様（官兵衛）はこうおっしゃった」と長政をしかる。長政は辟易《へきえき》していた。

●信長は自分の失敗を恥じた

こんな話がある。信長は官兵衛に対する自分の判断ミスを恥じ、「本来なら、自分の髪を切って地に置かなければならない」と言った。

魏《ぎ》の曹操《そうそう》が「農民が作った麦を踏み荒らすものは厳罰に処す」と触れたにも関わらず、馬で麦畑を踏んでしまった。そのとき、自分の髪を切って地に置いたという故事から言ったのだ。

信長は「このたびの黒田一族の働きは、十分な恩賞に値する」と言った。官兵衛は信長の直臣ではないため、秀吉を通じ播州一帯の知行を任された。

姫路城を再建せよ
官兵衛はこのころから小寺姓をやめ黒田官兵衛を名乗る

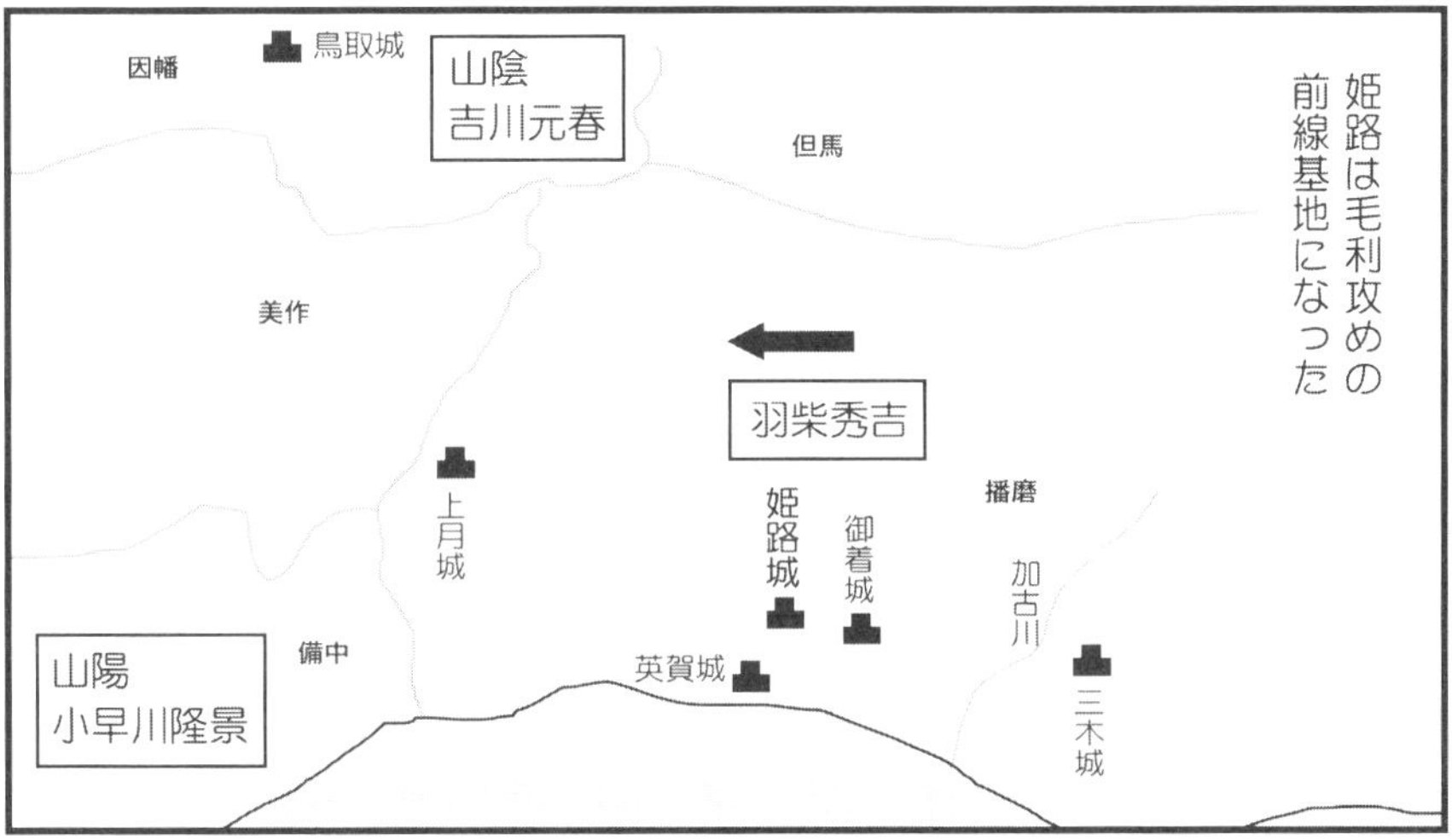
姫路は毛利攻めの前線基地になった
鳥取城
因幡
山陰
吉川元春
但馬
美作
羽柴秀吉
上月城
姫路城
御着城
播磨
加古川
備中
英賀城
三木城
山陽
小早川隆景

松壽丸が戻って来た元服して黒田長政と名乗る

教育係は後藤又兵衛だ
殿様はこうおっしゃった
しょっちゅう叱るので長政は辟易していた

44 鳥取城で反乱の動き。またもや兵糧攻めだ

米を高く買い占め、城を干上がらせる

●鳥取城で反乱の気配

鳥取城の様子がおかしい。秀吉は官兵衛を伴って因幡、但馬の平定に向かった。

官兵衛はまだ傷が癒えきらぬうちから、三面六臂《さんめんろっぴ》の活躍をさせられる。信長の人使いが荒いことは有名だ。中国攻めはすべて秀吉だ。秀吉は筑前守になった。つまり、西を担当するという意味だ。

鳥取城主・山名豊国《やまなとよくに》は「信長には従いたくない」と抵抗し、毛利の吉川元春に応援を依頼した。吉川経家《つねいえ》が派遣される。

●鳥取城主は官兵衛の説得で降参する

秀吉軍は2万の大軍で姫路を出発した。秀吉は前年に毛利方の竹田城を落としており、弟の小一郎秀長を入れていた。

鳥取城主・山名豊国は官兵衛の説得で秀吉軍に投降する。鳥取城では吉川経家が戦うことになった。

秀吉は降参した豊国に案内させ、鳥取城の攻略に乗り出した。

●戦わずして勝つ戦法だ

秀吉は三木合戦と同じ「兵糧攻め」に出た。兵糧攻めは戦わずして勝つ戦法だ。鳥取城を囲む柵と「付城」を作り、雁金と丸山と名付ける。鳥取城を完全に包囲して、出入りを見張った。

さらに官兵衛は、城の周りの農民から高い金で米を買い占めた。農民はみな喜んで官兵衛に米を売る。この米は秀長に送った。

鳥取城の周りには、米がなくなった。また毛利方からも米が入れられないように、頑丈に遮断した。

兵糧攻めの恐ろしさは、農民上がりの秀吉がよく知っている。鳥取城には長期戦の心得がなく、すぐに食料が尽きる。3日に1度、雑兵が草を刈って、それを食料にした。

秀吉は官兵衛を伴って
鳥取に向かった
官兵衛は鳥取城主
山名豊国を説得
豊国は投降する
鳥取城は毛利の援軍
吉川経家が守った
兵糧攻めに
しましょう
鳥取城を
囲む
柵を作る
「付城《つけじろ》」だ
農民から米を
高く買い占めた
鳥取城
渇《かつ》え殺しだ
吉川経家は
自害する

45

官兵衛は秀吉の名代で四国へ向かう

官兵衛は四国制圧のため、淡路島を征服した――

●長宗我部元親《ちょうそかべもとちか》が力をつけてきた

土佐の長宗我部元親が急に力をつけてきた。もともと元親は「姫若子《ひめわこ》（おじょうさん）」と言われ、バカにされていた。

四国は「兵農分離《へいのうぶんり》」が進んでおらず、農民たちが武器を持って戦う。「一領具足《いちりょうぐそく》」といった。

元親は多くの勢力を使って、四国全土を制圧し「四国にフタをした男」と言われた。

周りからは「できびと」と言われるようになった。信長には敬意を表していたが、力をつけると信長と距離をとるようになる。

信長は「元親は『鳥なき里のコウモリ』だ」と言った。四国には強い武将がいないだけ、という意味だ。

信長は秀吉に「四国をなんとかしろ」と命じた。しかしまだ鳥取城が落ちておらず、秀吉は手が離せない。仕方なく官兵衛を名代として向かわせる。

官兵衛にも余力はないのに……。

●本格的な出兵ではない

官兵衛は秀吉の名代で四国の阿波《あわ》に向かい、木津《きづ》城に入る。

阿波、淡路島を抑え、制海権を握るつもりだ。仙石秀久《せんごくひでひさ》、明石則実《あかしのりざね》、生駒親正《いこまちかまさ》らとともに出兵した。四国全土制圧ではなく、瀬戸内海の交通を遮断したい。本格的な出兵ではない。今は、「制海権」だけだ。

●淡路島を3日で制圧する

官兵衛は四国の動きを封じるため淡路島に上陸する。わずか3日で、淡路島を制圧する。四国は仙石秀久にまかせた。

官兵衛は「すでに、鳥取城は落ちているだろう」と考えた。いよいよ、毛利との決戦だ。

秀吉が本格的に四国を制圧するのは、本能寺の変のあとである。官兵衛は毛利攻めのための準備を始めた。まずは、備中高松城を落とすことだ。

土佐の長宗我部元親が四国全土を制圧した
長宗我部元親《ちょうそかべもとちか》
元親は「できびと」と讃えられる
元親は取りなき里のコウモリだ
四国は強い武将がいないだけという意味
秀吉は鳥取城を攻略中だ
官兵衛 四国はまかせる
官兵衛は淡路島を3日で制圧した
四国からの交通を遮断し「制海権」を得たのだ
姫路
淡路島
四国は封じ込めた 先に毛利との決着だ

46

備中高松城の水攻めの奇策に出た

アッという間に城を水没させてしまった

●狙いは備中高松城だ

鳥取城は陥落し、その地域の土豪の宮部氏に与えられた。秀吉は姫路に戻った。いよいよ、山陽道に着手するときだ。

毛利の属将・清水宗治は備中高松城（現在の岡山市北区）に籠《こも》った。秀吉は播磨、因幡《いんば》、但馬《たじま》の兵6万を集め、出撃する。

官兵衛は戦う前に清水宗治を説得しようとした。得意の「交渉術」だ。しかし官兵衛の口八丁では宗治は動かなかった。

また毛利も備中高松城を要とした7つの城で秀吉に対する抑えとしていた。

秀吉は備前（現在の岡山県東南部）の岡山城に入る。岡山城は秀吉軍・宇喜多秀家《うきたひでいえ》の城だ。

宇喜多1万の兵は備中高松城を守る周りの小さい城を次々に落とした。秀吉はすぐに備中高松城に狙いをしぼる。

●官兵衛は「水攻め」という奇策に出た

備中高松城は領民5000人が食料を入れている。そのため、兵糧攻めはできそうもない。周りを沼が囲んでおり、これが天然の「お掘」となっていた。侵入口は一本の道しかなく、攻めるのも苦労だ。

そこで官兵衛は「水攻め」という奇策を持ち出した。周りに堤防を作り、水を引き入れ城を水没させてやろうという作戦だ。

官兵衛の家臣・吉田長利《よしだながとし》が具体策を考える。吉田は船30艘《そう》に石を詰め込み、ひっくり返して川を塞《ふさ》ぎ止めようとする。なんとわずか半月で長さ3キロ、高さ7メートルの堤防を作った。

●アッという間に水没してしまう

さらに足守《あしもり》川などから水を引き入れる。梅雨どきだったのもあり、アッという間に備中高松城は水没してしまった。

秀吉は兵6万で備中高松に向かった

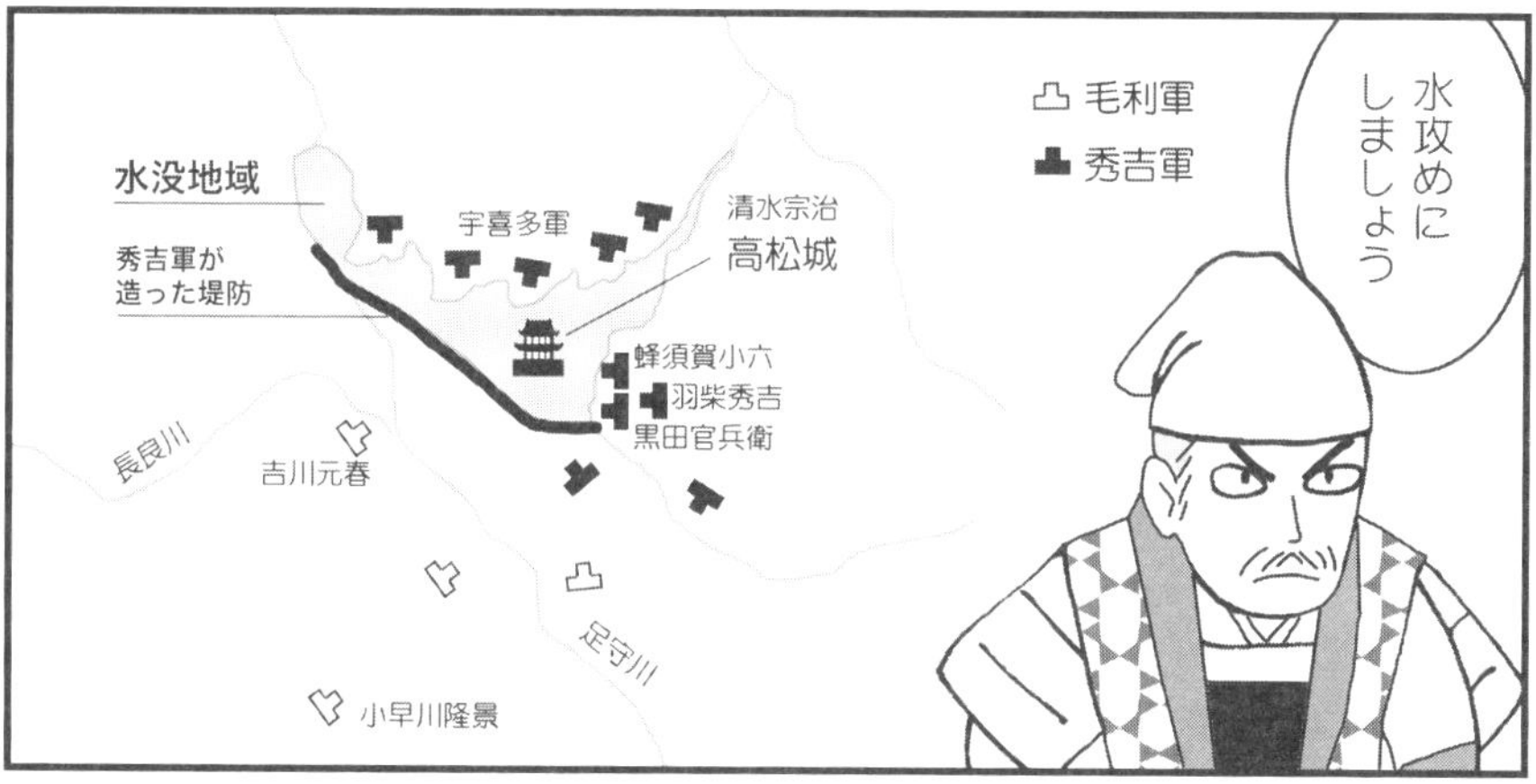
水攻めにしましょう
凸 毛利軍
秀吉軍
水没地域
秀吉軍が造った堤防
宇喜多軍
清水宗治
高松城
蜂須賀小六
羽柴秀吉
黒田官兵衛
長良川
吉川元春
足守川
小早川隆景

天正10年（1582）
高松城の水攻め
官兵衛は足守川をせき止めて城を水没させた

47 毛利は「5カ国を差し上げよう」と提案した

安国寺恵瓊と官兵衛の交渉があった——

●水攻めの効果がすぐに出てきた

水攻めでは蜂須賀小六《はちすかころく》の家臣たちが活躍した。忘れてはいけない「川並衆」だ。

彼らには信長の美濃攻めの直後、墨俣《すのまた》の「一夜城」を作ったという伝説もある。

備中高松城は浮き島のようになってしまった。もはや絶体絶命、手も足もでない。兵糧攻めも兼ねており、水攻めが続くとかなり辛い。毛利方では打開策を探っていた。

毛利の外交僧に安国寺恵瓊《あんこくじえけい》がいる。

彼は野心家で「折あらば毛利の版図を広げよう」と思っていた。

しかし、毛利元就の遺訓は「中国地方の守りを固めろ」というものだ。

かつて恵瓊は「信長は高転びする。つぎは秀吉」というような予言めいたことを言っている。

「秀吉と手を結び、毛利に力をつけたい」と思っていた。

●毛利は「5カ国譲渡」を提案する

恵瓊は官兵衛に面会を求めた。この辺で手を打とうというのだ。条件は「毛利の版図のうち、5カ国を譲渡しよう」というものだ。

5カ国とは備中、備後《びんご》、美作《みまさか》、因幡《いなば》、伯耆《ほうき》だ。その代わり、高松城の清水宗治を助けてもらいたという。

今の信長の力なら、この5カ国は切り取れる。しかし、戦わずして勝つのは兵法の上策だ。

●秀吉は提案を受けなかった

官兵衛はこのプランを秀吉に進言した。しかし、秀吉は「敵の大将のクビをとることが戦いの勝利だ」と、宗治のクビは譲らない。

一説には逆に秀吉が賛成して、官兵衛が否定したともある。

毛利の外交担当
安国寺恵瓊《あんこくじえけい》
信長は
高ころびする
次に力を
持つのは
秀吉だ
恵瓊が官兵衛との
面会を求めて来た
毛利の版図5カ国を
差し上げましょう
そのかわり高松城の
清水宗治を助けて
もらいたい
戦わずして勝つのが
官兵衛の策だ
しかし秀吉は
反対だった
敵の大将の
首を取るのが
戦いの勝利

Column

猛将列伝 5

伊達《だて》 政宗《まさむね》

遅れてきた男といわれた

子供のころの名を梵天丸《ぼんてんまる》という。片目が悪かったため、家督争いから外された。

ところがあるとき守役・片倉小十郎《かたくらこじゅうろう》にさとされる。「中国の唐の末、李克用《りこくよう》という武将がいた。李克用は片目が悪い。真っ黒な鎧を着て、獅子奮迅の活躍をした。人は彼のことを『独眼竜』と呼んだ」。

この話に梵天丸はウルウル。「おれも独眼竜になる」と、以来、剣の修行に励んだ。

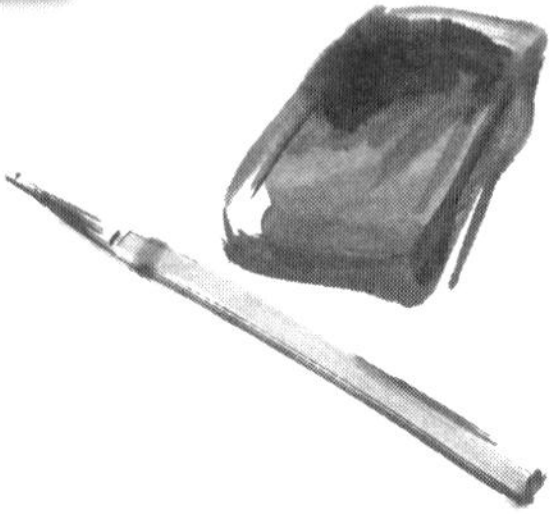

また鎧も李克用にならって真っ黒にした。その後、伊達政宗と名乗り、「独眼竜正宗」と呼ばれるようになる。

天正17年（1589）、政宗は会津の名門芦名を破る。東北全土を制圧する勢いだ。

秀吉は「惣無事令」を出して私戦を禁止すると、それに従わない島津、北条、伊達を次々につぶしにかかった。

天正18年（1590）、秀吉は小田原城を攻撃する。官兵衛の調略で、小田原城内は大混乱。政宗は「もはやこれまで」と、秀吉側に参陣する。

小田原城では「伊達政宗が秀吉側に寝返ったこと」で勝ち目がないと落城する。

第6章

口八丁、天下取り

――毛利と親好を結び、大返しで明智光秀を粉砕する

48

明智光秀が本能寺の変を起こす

官兵衛のもとに飛脚が来た

●明智光秀《あけちみつひで》が謀反《むほん》を起こす

信長は明智光秀に「中国地方の秀吉の援軍に向かえ」との檄《げき》を飛ばした。

現在の岡山県は当時の備中《びっちゅう》、備後《びんご》、美作《みまさか》のほぼ３カ国にあたる。鳥取県が因幡《いなば》、伯耆《ほうき》だ。信長は光秀に「取った国のうち２カ国を褒美にやるぞ」と、取る前からこんなことを言う。

光秀は山陰地方に援軍に向かうため、しぶしぶ出陣したかに見せ、「敵は本能寺にあり！」と、本能寺に向かった。本能寺には信長がいる。

信長のもとには手勢２００と信忠の手勢５００がいるだけ。絶好のチャンスだ。光秀は朝４時、本能寺を急襲したとされる。

実は信長を追い詰めたのは光秀ではないという説がある。アリバイがあるというのだ。本能寺の変は今なお多くの謎に包まれている。だれが犯人か？

●急変を報せる飛脚がきた

天正10年（１５８２）、本能寺の変で信長が殺された。信長の側近に長谷川宗仁《はせがわそうじん》という茶人がいる。お茶をたしなみ、商業、政治に通じている。今井宗久《いまいそうきゅう》、千利休《せんのりきゅう》などと似ている。

宗仁は混乱の中をかいくぐり、急変のようすを書いて飛脚に渡したという。

●「今が天下を取るとき」と進言する

飛脚は本能寺の変のあらましを書いた手紙を持って野山を走り、秀吉や官兵衛のもとにたどり着く。「信長が死んだ」という報せを受け取り秀吉は肩を落とす。「これはたいへんなことになった」と大変ガッカリしている様子だ。

そんな秀吉に官兵衛はささやいた。「これは吉報です。次はあなた様の天下ですぞ」

備中高松へ行け
敵は本能寺
明智光秀が謀反を起こした
本能寺の変
天正10年（1582）6月2日　朝4時
信長様が死んだ
これは吉報です　これであなた様の天下ですぞ

49 急いで交渉をまとめた

バレないように強気で攻める

●城主清水宗治《しみずむねはる》の切腹で決着させる

官兵衛は「急いで京に上らなくてはなりません」と秀吉に言う。信長の死が毛利方に知れたら、戦いを仕掛けてくるにちがいない。

そこで官兵衛は安国寺恵瓊《あんこくじえけい》と折衝《せっしょう》する。もし「急いでいること」がバレたら負けだ。強気で攻めないといけない。

折衝は最終的に敵将の清水宗治が腹を切ることで合意した。切腹しだい、両軍が撤退する。それから「撤退を見届ける人質」を交換する。秀吉の家臣に森勘八《もりかんぱち》という者がいた。森を毛利にして毛利勘八と名を改め、人質になったという。

このとき、官兵衛は恵瓊に「本能寺の変のこと」をひそかに教えたという話がある。

とにかく、4日に清水宗治の切腹が決まった。本能寺の変が起きたのは2日だから、早い決着だ。官兵衛は内心ホッとした。

●陣払いの用意ができた者から出発！

秀吉は官兵衛に「次はどうすべきか」尋ねる。官兵衛は、陣払い（撤兵）の用意ができた兵は、２００でも３００でも急いで京に上らせた。「草履《ぞうり》片方、下駄《げた》片方」（あわてることのたとえ）と言う。どんどん兵を京に向かわせる。

攻撃してこないとわかれば、毛利の人質はいらないので官兵衛は送り返した。さらに宇喜多と毛利から、旗指しものを10本ずつ借りてきた。

秀吉が「なんだ。その宇喜多と毛利の旗は？」と尋ねると、官兵衛は「宇喜多と毛利の兵が加わったように見えるでしょう」と答えた。

沿道には高山右近、中川清秀、筒井順慶など、どっちつかずの武将がいる。その武将たちが「宇喜多も毛利も援軍を送っている。それなら、秀吉に味方しよう」と思うはず。案の定、高山、中川は味方についた。官兵衛は「これこそが兵法だ」と説明した。

急いで京に戻らなければならない
毛利に知られたら戦いを仕掛けられる
安国寺恵瓊と再び交渉する
急いでいることがバレたら負けだ
清水宗治が腹を切ることで決着した
恵瓊は和睦をすすめたことで後に秀吉の信任を得ることになる
中国大返し
175kmを6日間で進軍した
高松城
岡山
沼城
姫路城
明石
兵庫
尼崎
富田
天王山
山崎
淀川

50

疑惑の「中国大返し」は官兵衛の策略

姫路での休息が長いのにはわけがあった

●休ませるのも兵法のうち

秀吉軍は姫路城に入った。姫路は官兵衛の領地だ。ここで、官兵衛は2日も兵に休みを取らせた。家には帰らせない。十分に休みを取る。これも「兵法」だ。

さらに秀吉が好きな「虎の肉」やニンニクを食べさせる。パワーの源だ。ここから一気に京に上るのだ。沿道の人間に「信長の弔い合戦だ」とはやし立てるように頼む。もう、毛利を気にすることはない。

●昼夜で40キロの行軍だ

本能寺の変が起きたのは2日。清水宗治の切腹が4日。姫路城に着いたのが8日。そして9日に出発。11日、尼崎に到着。伊丹《いたみ》城の池田恒興《いけだつねおき》、茨城《いばらき》城の中川清秀《なかがわきよひで》、高槻《たかつき》城の高山右近《たかやまうこん》を巻き込み、13日に京に上った。

この行軍はあまりにも早すぎるという説がある。実は官兵衛は「本能寺の変の報せ」の直後から、次々に兵を出発させていたのではないかといわれている。

つまり、姫路で兵を休ませたのは2日間ではなく4日間だという。早々に「天下取り」について考えていたのだ。「恐ろしいヤツ」だ。

●信長の死は本当か

13日、官兵衛は「信長のクビ」が出てきていないことを心配した。もし、信長が生きていたら、天下取りのプランが崩壊する。

そこで、念を入れて信長の家臣・丹羽長秀《にわながひで》と信長の三男・信孝《のぶたか》に接見すると、どうやら信長の死は確実らしい。

郡山《こおりやま》城の筒井順慶《つついじゅんけい》と細川忠興《ほそかわただおき》は明智光秀派であったのに中立を保った。これは官兵衛の調略があったらしい。

光秀は信長軍の有力武将・徳川家康を取り逃がす。家康は甲賀《こうか》、伊賀《いが》の忍者に助けられ、居城の浜松城に逃げ帰った。

官兵衛の領地姫路で兵を休ませた
休ませることも兵法
虎の肉やニンニクを食べさせた
池田恒興
中川清秀
高山右近が
秀吉勢に
加わった
富田
尼崎
兵庫
淀川
明智光秀があてにしていた細川忠興と筒井順慶は中立を保った官兵衛の調略か？

51 官兵衛は天王山から側面攻撃をする

明智光秀の軍を撃退する

●明智光秀と雌雄を決する

ついに光秀との決戦（山崎の合戦）だ。秀吉は丹羽、高山、中川を巻き込み3万の軍になる。細川、筒井は中立を取ったので、光秀が期待していたほどの合力が得られない。数は諸説あるが、1万3000だったという。光秀は「下鳥羽《しもとば》」を本陣にして、「勝竜寺城《しょうりゅうじ》」（京都府長岡京市）を前線基地とした。

両軍の間に「宝寺」という場所がある。ここを取ればば勝利は間違いない。ここで官兵衛は毛利から借りた旗をなびかせた。光秀の軍勢は毛利が加勢にきたと勘違い。ひるんだ隙にこの「宝寺」を確保した。

●光秀は敗走した

さて官兵衛は真っ先に「天王山」に登った。天王山はたいしたことがなく、すぐに手に入れることができた。ここに羽柴秀長《はしばひでなが》の軍を置く。

光秀は鶴翼《かくよく》の陣という横長の陣形をとっている。秀吉本隊は正面から総攻撃をかけ、官兵衛は天王山から側面攻撃をかけた。搦《から》め手だ。

数に勝る秀吉軍は光秀軍を撃破する。光秀は敗走して勝竜寺城に逃げ込んだ。ここに官兵衛は三方から攻撃をかけた。かつて佐用《さよ》城を攻撃したときと同じだ。四方から攻撃をすると「窮鼠《きゅうそ》、猫をかむ」というように予想外の反撃を受ける可能性がある。北側一方を開けておけば、そこから兵が逃げ出すのだ。

ついに光秀は落ち延び、小栗栖《おぐるす》（京都市伏見区）で農民に殺されたという。「三日天下」だった。

●秀吉が後継者として躍り出た

秀吉は「信長の弔《とむら》い合戦」に勝利した。これは大変なことだ。秀吉は織田家の家臣のランキングからいっても、5、6位だ。上には柴田、滝川、丹羽、前田、細川などの家臣がひしめいている。しかし、ここで信長の後継者として躍り出たのだ。

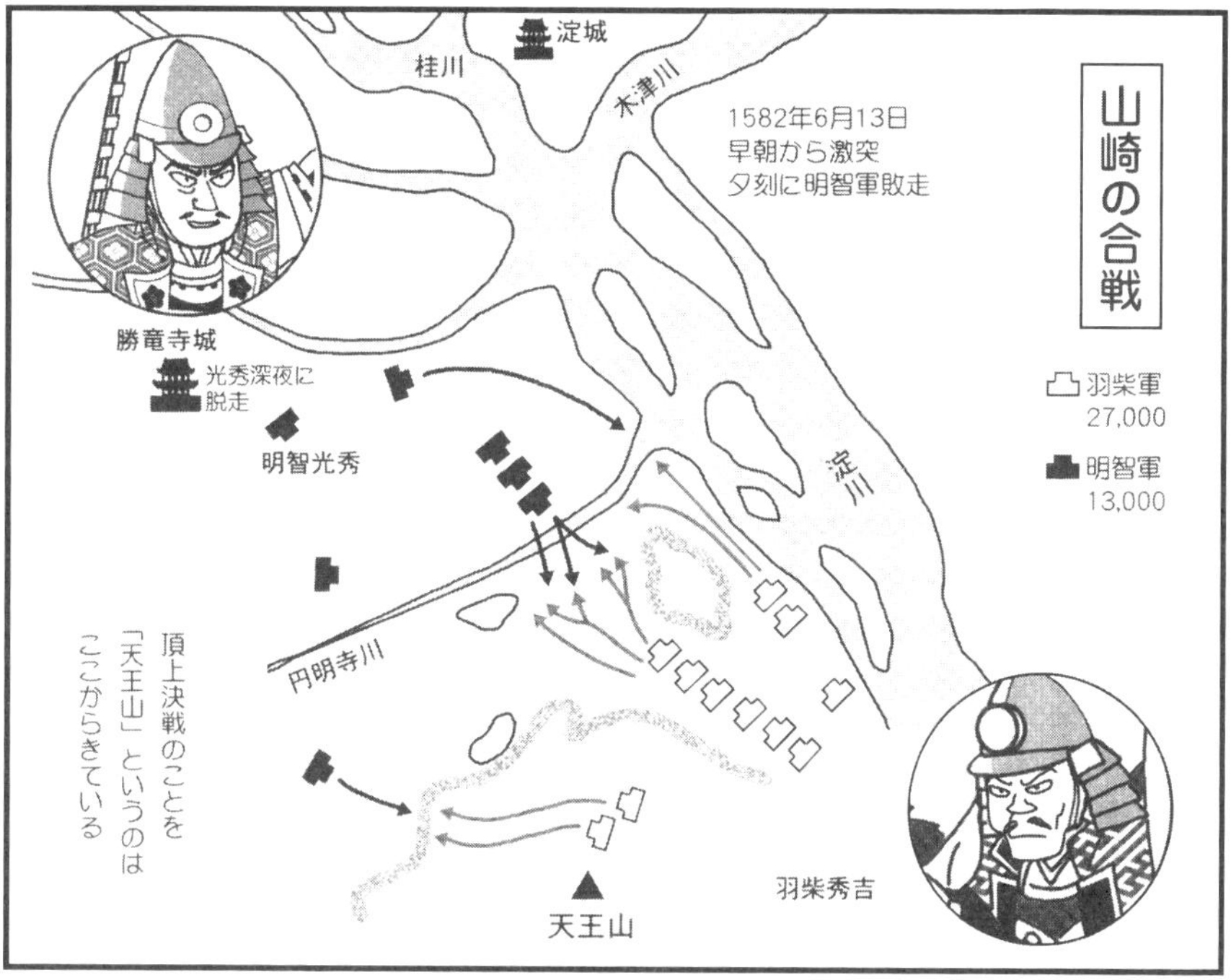
山崎の合戦
淀城
桂川
木津川
1582年6月13日
早朝から激突
夕刻に明智軍敗走
羽柴軍
27,000
明智軍
13,000
勝竜寺城
光秀深夜に
脱走
明智光秀
淀川
円明寺川
頂上決戦のことを「天王山」というのはここからきている
天王山
羽柴秀吉

光秀は敗走途中で農民に殺される

秀吉は信長の弔い合戦に勝利し信長の後継者として躍り出た

52

清洲会議で秀吉は主導権を握る

筆頭家老・柴田勝家はピンチになる

●清洲会議に随行《ずいこう》した

天正10年（1582）6月27日、尾張の清洲《きよす》城で後継者選びの会議が開かれた。有名な「清洲会議」だ。このとき滝川一益《たきがわかずます》は関東にいたため欠席した。メンバーは柴田勝家《しばたかついえ》、丹羽長秀《にわながひで》、池田恒興《いけだつねおき》、羽柴秀吉の4人だ。信長の子供・信孝《のぶたか》、信雄《のぶかつ》は外されていた。

官兵衛は秀吉に随行した。官兵衛が秀吉に何かアドバイスをしたのは間違いないだろう。しかし何を言ったかは、資料が残っていないのでわからない。

家臣4人といっても、丹羽長秀と池田恒興はもはや秀吉の手の内だ。筆頭《ひっとう》家老・柴田勝家は孤立状態だ。もはや会議のイニシアチブは秀吉が握っていた。

●会議はお手の物だ

信長の後継者選びは難しい。長男の信忠《のぶただ》は本能寺の変で死亡。次男の信雄は家格が低く、三男の信孝の下に置かれている。

勝家は信孝を後継者におす。信孝は家格は問題ないが、神部《かんべ》家の養子になり外に出ている。やや不利だ。

ここへ遅れて会議に出てきたのが、秀吉だ。なんと、幼児の三法師《さんぼうし》（信忠の子）を肩に乗せ城内に入る。勝家をのぞく家臣は「後継は三法師にしよう」と言った。さらに「後見人を秀吉にする」ということで決着した。さて、官兵衛がどこまで関与したものか。

●滝川一益が叛旗《はんき》をひるがえす

先述したように、清洲会議のとき滝川一益は関東にいた。北条との戦いのため出られなかったのだ。一益は秀吉ぎらいだった。

天正11年（1583）1月、一益は秀吉に叛旗をひるがえした。少し遅れて勝家が呼応する。本来なら勝家が先に蜂起してもおかしくないが、越前北の庄は雪が多く、出遅れたのだ。

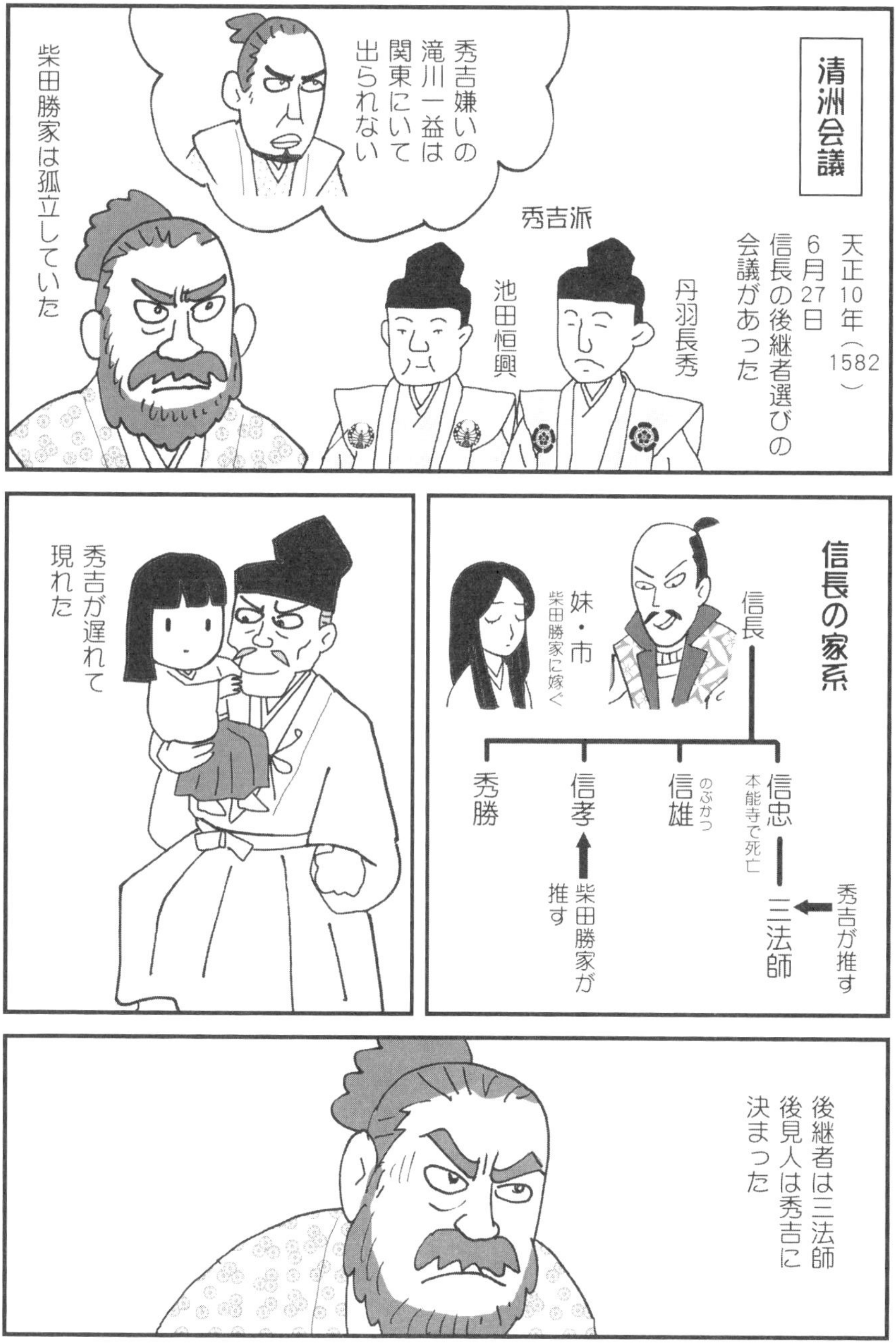
清洲会議
天正10年（1582）6月27日
信長の後継者選びの会議があった
丹羽長秀
池田恒興
秀吉派
秀吉嫌いの滝川一益は関東にいて出られない
柴田勝家は孤立していた
信長の家系
信長
妹・市
柴田勝家に嫁ぐ
信忠
本能寺で死亡
三法師
秀吉が推す
信雄《のぶかつ》
信孝
柴田勝家が推す
秀勝
秀吉が遅れて現れた
後継者は三法師
後見人は秀吉に決まった

官兵衛親子が出陣する

なんと2度目の大返し

●賤ヶ岳《しずがたけ》の戦いに親子で出陣する

天正11年（1583）、勝家の甥・佐久間盛政《さくまもりまさ》は3万の兵を率いて近江に出陣する。秀吉も7万の兵で対抗した。決戦の場所は賤ヶ岳だ。秀吉は軍を12に分ける。黒田軍は第5軍だ。官兵衛の息子・長政も16歳で出陣している。

ときを同じくして信孝が美濃の岐阜城で叛旗をひるがえす。秀吉は急いで美濃へ向かい大垣城に入った。盛政は余呉湖《よごこ》（琵琶湖の北）にある大岩山砦の秀吉軍・中川清秀を襲った。勢いのついた盛政は賤ヶ岳など琵琶湖周辺の制圧に出る。

秀吉軍は主戦場の賤ヶ岳に行けない。最大のピンチだ。

●2度目の大返し

ここで官兵衛が「奇策」に出た。「2度目の大返し」だ。実は近江といえば「近江源氏」。官兵衛の遠い先祖のいる場所だ。何か湧いてくるものがある。秀吉も「勝ったぞ」と予感した。

秀吉軍はなんと13里（52キロ）をわずか5時間で舞い戻ってきた。

いないと思っていた秀吉本隊が戻り、賤ヶ岳で大激戦になる。黒田親子も奮戦し、息子の長政も活躍したという。

ここで戦功を上げた兵は「賤ヶ岳の七本槍」と呼ばれる。

●秀吉の天下が始まった

4月には柴田勝家の居城・越前北の庄城が落ち、妻のお市も死んでしまった。秀吉は天下に踏み出したのだ。

官兵衛は賤ヶ岳の戦いの前から大坂城の建設をまかされていた。秀吉の天下取りの補佐が本格的に始まったのだ。

天下取りをめぐって秀吉と勝家は対立
賤ヶ岳で激突する

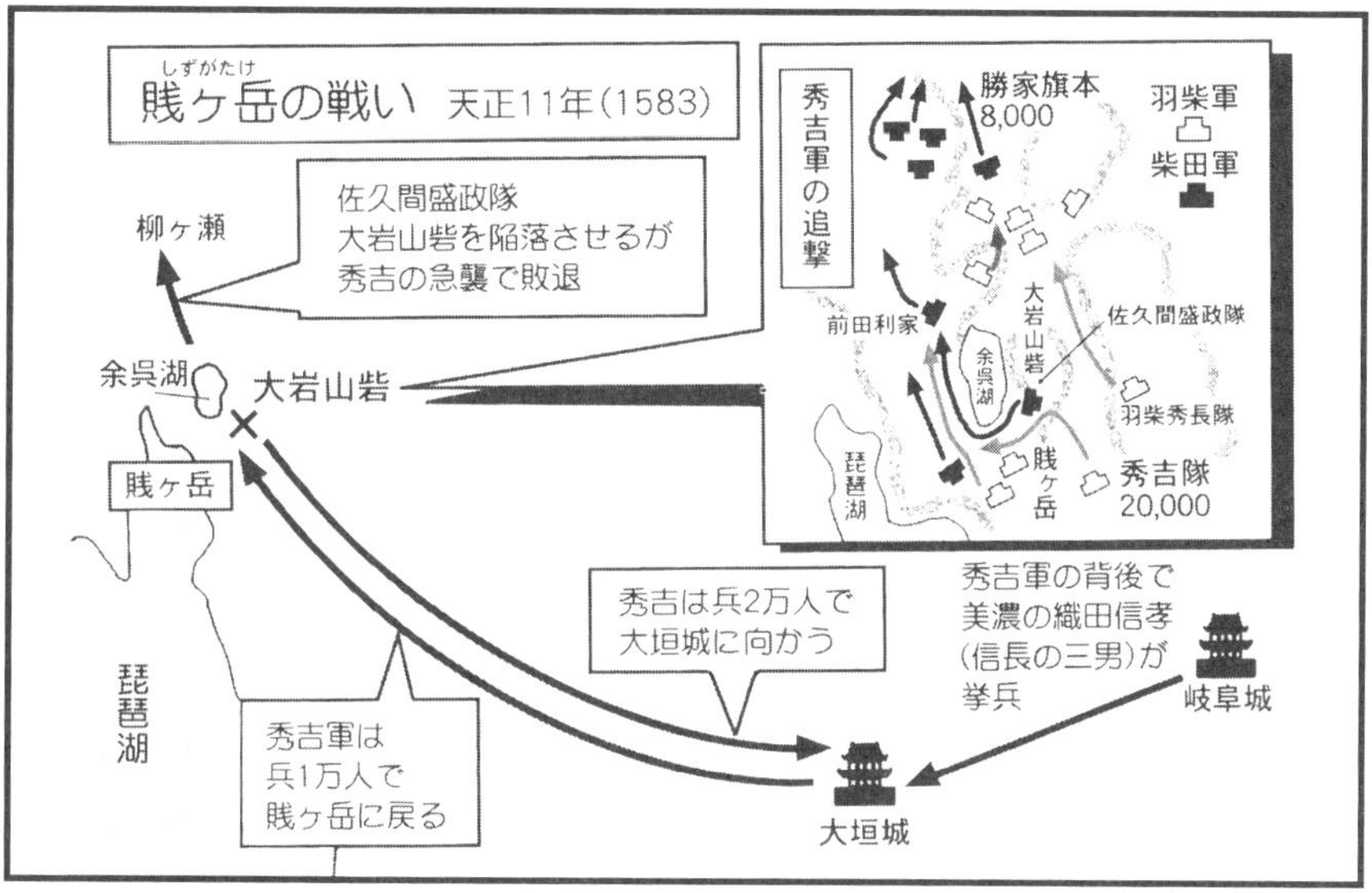
賤ヶ岳《しずがたけ》の戦い　天正11年(1583)
佐久間盛政隊
大岩山砦を陥落させるが
秀吉の急襲で敗退
柳ヶ瀬
余呉湖
大岩山砦
賤ヶ岳
琵琶湖
秀吉軍の追撃
勝家旗本
8,000
羽柴軍
柴田軍
前田利家
大岩山砦
佐久間盛政隊
余呉湖
羽柴秀長隊
琵琶湖
賤ヶ岳
秀吉隊
20,000
秀吉は兵2万人で
大垣城に向かう
秀吉軍の背後で
美濃の織田信孝
(信長の三男)が
挙兵
岐阜城
秀吉軍は
兵1万人で
賤ヶ岳に戻る
大垣城

追いつめられた勝家は越前北の庄で妻のお市と自害する

官兵衛は大坂城の建設をまかされた いよいよ秀吉の天下だ

54

大坂城普請の総監督となる

難攻不落の大要塞を作る

●本願寺の跡地に大坂城を作る

大坂城の建設は賤ヶ岳の戦いの前から始まっている。場所は「摂津石山本願寺」のあとだ。12年間の「石山合戦」があった所だ。天正8年（1580）、信長と本願寺顕如《けんにょ》が和議を結び、本願寺は退去した。

本能寺の変のあと、秀吉は経済と政治の中心として、大坂城の建設を決意したのだ。

官兵衛が「現場監督」をまかせられる。「難攻不落の大要塞」を作ろうと考えていた。

大坂城本丸は台地になっている。北には淀川が流れ、天然の堀になる。本丸は安土城の石垣積みを踏襲した。丹羽長秀が安土城の建築担当をしていたので詳しい。二の丸、三の丸、総構えが建設される。3重の堀と運河によって防衛機能がアップした。

●初めのルール作り

城造りで大変なのは、石積みの人足たちの管理だ。人足によっては「軽いものばかっり運ぶヤツ」とか「もうすでに運んである石を運んできたようなふりをするヤツ」がいる。

荒くれ者のケンカも耐えない。

官兵衛は規則を細かく決める。「ケンカするものは処罰する」とか、「軽い石を運ぶヤツは重い石を運ぶヤツを手伝え」、「不正をしてはだめ」などだ。

官兵衛はとにかく最初にきちんとルールを決めることを徹底した。

●難攻不落《なんこうふらく》の大坂城

大坂城は、難攻不落の大要塞だった。

大坂冬の陣では真田信繁《さなだのぶしげ》（幸村）が、城の南側に真田丸という出城を作る。家康が何年かかっても落ちないと嘆いた。

官兵衛の家臣、後藤又兵衛が籠城したのも有名だ。信繁と又兵衛で「二人軍師」と言われる。

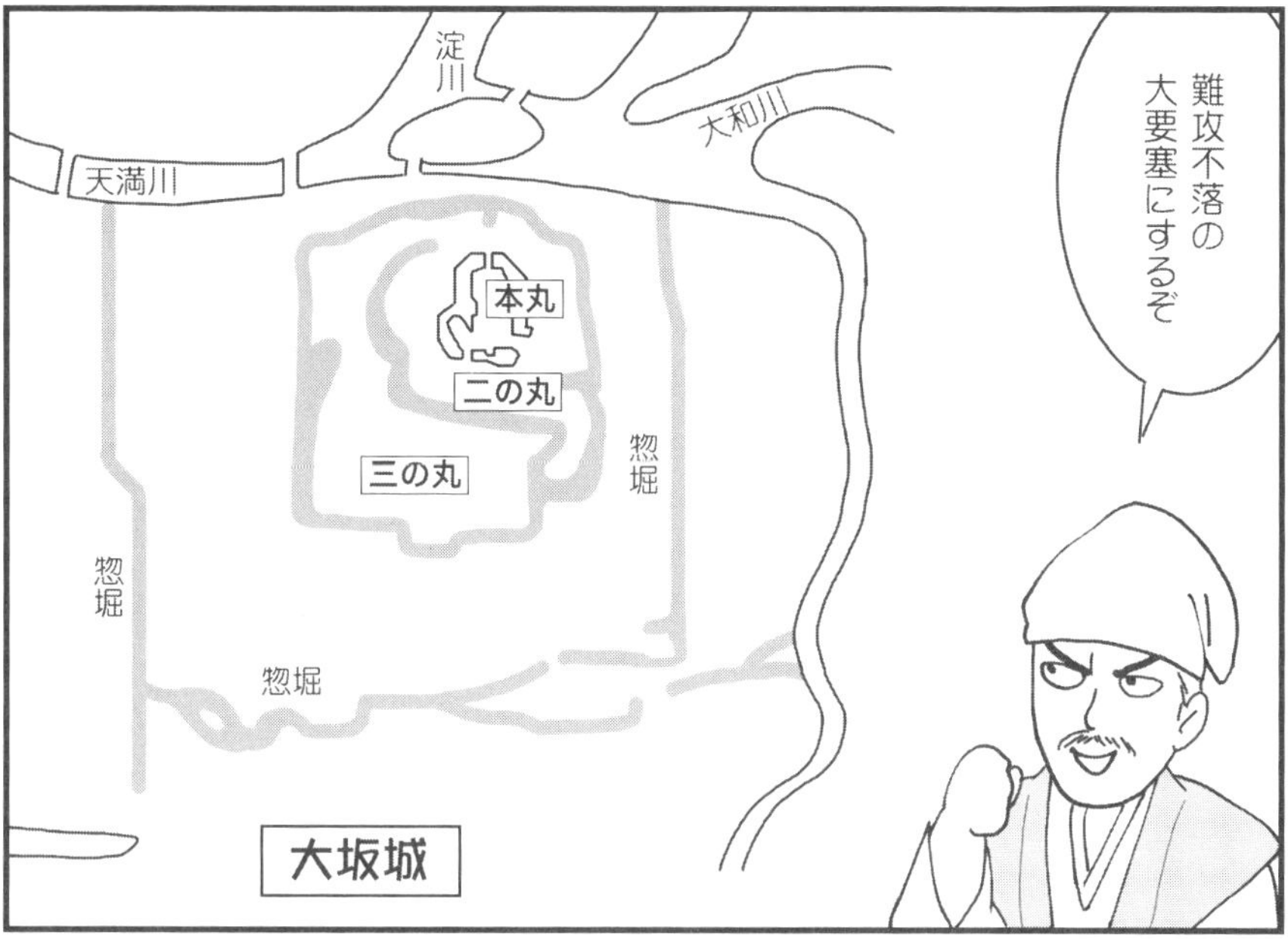
難攻不落の
大要塞にするぞ
淀川
大和川
天満川
本丸
二の丸
三の丸
惣堀
惣堀
惣堀
大坂城

官兵衛は人足たちの
管理のために
細かいルールを作った
●ケンカを
する者は処罰
●軽い石を運ぶ者は
重い石を運ぶ者を手伝え
●不正をしてはダメ

55

毛利と領土問題で交渉する

安国寺恵瓊は手強い相手だった

●毛利の5カ国をよこせ

備中高松城攻めでは清水宗治の切腹で毛利との戦いが停戦を迎えた。あのとき当初「5カ国の譲渡」が俎《そ》上《じょう》に上がった。

秀吉は「これを蒸し返そう」とする。小早川隆景《こばやかわたかかげ》に手紙を出し「領土を割譲《かつじょう》せよ」といった。

官兵衛は蜂須賀小六《はちすかころく》と交渉に出向く。この2人はこのところずっとコンビで動いた。備中高松城の水攻めのときもともに戦い、中国を熟知している。

毛利側の交渉相手は安国寺恵瓊《あんこくじえけい》だ。官兵衛とも交流があり、秀吉を知っている。

天正11年（1583）12月、備中猿懸《びっちゅうさるかけ》城（岡山県矢掛町）で、官兵衛と恵瓊は会うことになった。

猿懸城は毛利元就の四男・元清の居城だ。元清は側室の子で小早川隆景の弟だ。

●官兵衛は交渉で負けてしまった

恵瓊はタフネゴシエーター（強い交渉人）だ。官兵衛も交渉ごとには自信がある。しかし、恵瓊は手強い。

交渉の俎上に上がったのは、出雲、伯耆、美作、備中、備後。恵瓊は「出雲は、どう考えても毛利のものだ。交渉から外せ」という。領土問題そのものが存在していないというのだ。

官兵衛は「領土を全部いただこう」と考えていた。それに対して、恵瓊は「半分ずつ分け合おう」と言い出す。

協議の結果、官兵衛と恵瓊は、美作（岡山）と伯耆（鳥取）を分け合うプランで合意する。伯耆が毛利方、美作が秀吉方だ。

さらに、備中（岡山）を半分にして、外側を秀吉方、内側を毛利方にすることで合意した。備後（広島）は細かく分け、両者で取り合うことになった。

恵瓊は最初から「半分」はあきらめていた。この交渉は官兵衛が負けてしまう形となる。

停戦中の毛利に対して…
5カ国を割譲させよ
5カ国とは
出雲
伯耆　美作
備中　備後

官兵衛は再び
安国寺恵瓊と
交渉することになった
半分ずつ
分け合おう
恵瓊はタフ
ネゴシエーターだ

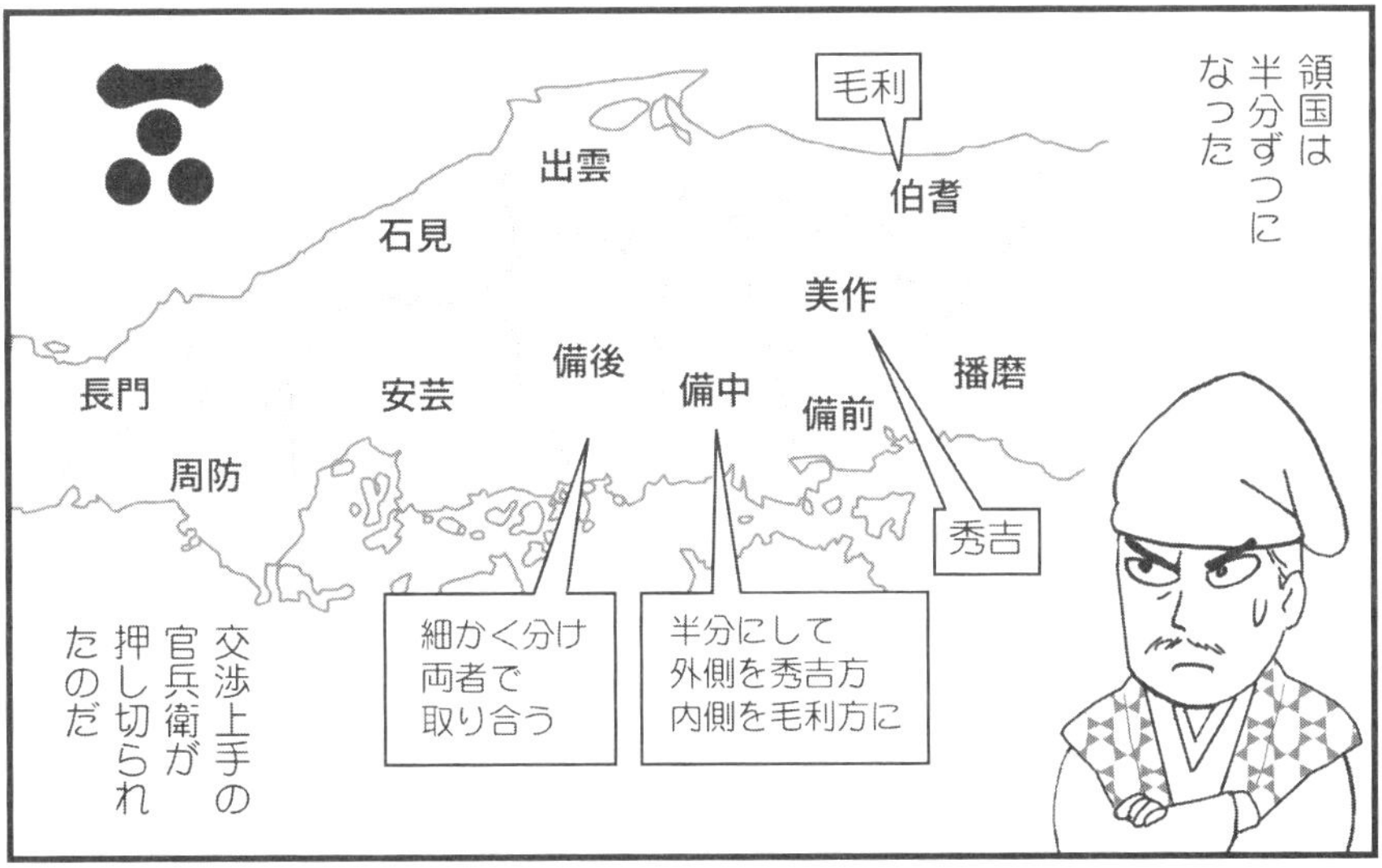

領国は
半分ずつに
なった
毛利
出雲
伯耆
石見
美作
播磨
備後
備中
備前
長門
安芸
周防
秀吉
細かく分け
両者で
取り合う
半分にして
外側を秀吉方
内側を毛利方に
交渉上手の
官兵衛が
押し切られ
たのだ

56 官兵衛はキリシタンになる

小牧長久手の戦いが始まる

●高山右近のすすめでキリシタンになる

「大坂城普請」と「毛利との領土問題」で右往左往していたころ、官兵衛は高山右近のすすめによって、キリシタンになることにした。

洗礼を受けたのは天正11年と13年の2説がある。しかしなぜ、キリシタンになったのか、ハッキリした理由は残っていない。

官兵衛の洗礼名は「ドン・シメオン」という。のちの「如水」も「ジョシア（ヨシア）」に由来しているという説がある。天正15年には弟の直之と息子の長政が洗礼を受けた。直之の洗礼名は「ミゲル」、長政は「ダミアン」だ。

官兵衛は家臣などに対してキリシタンへの入信を強要することはなく、長政に対しても強制しなかった。

●小牧長久手《こまきながくて》の戦いが始まる

徳川家康と秀吉の仲が悪くなってきている。そのため、官兵衛と蜂須賀小六は毛利との領土交渉を打ち切って帰ることにした。

また織田信雄と秀吉の仲も急激に悪化していた。信雄は雑賀《さいか》・根来衆《ねごろしゅう》を頼み、家康とも連携する。織田・徳川連合軍と秀吉が尾張平野で対峙《たいじ》した。

小牧山にいた織田・徳川軍は動かない。先に動いたのは秀吉軍だ。三好信吉《みよしのぶよし》の兵2万が奇襲をかける。

徳川軍は先に察知して、これをたたいた。秀吉軍は池田恒興《いけだつねおき》や森長可《もりながよし》など多くの武将を失った。

事態は織田・徳川に有利かに見えたが、信雄が秀吉と単独講和に応じたことで、停戦となった。

●四国をなんとかしろ

小牧長久手の戦いのとき、四国の長宗我部元親《ちょうそかべもとちか》は家康方に付き、反秀吉派だった。秀吉としては、四国を平定するために長宗我部元親をなんとかしたい。

そこで官兵衛に「四国をなんとかしろ」と命じる。

天正11年（1583）
官兵衛はキリシタンになる
高山右近のすすめだ
洗礼名
ドン・シメオン
弟の直之
息子の長政も
洗礼を受けた

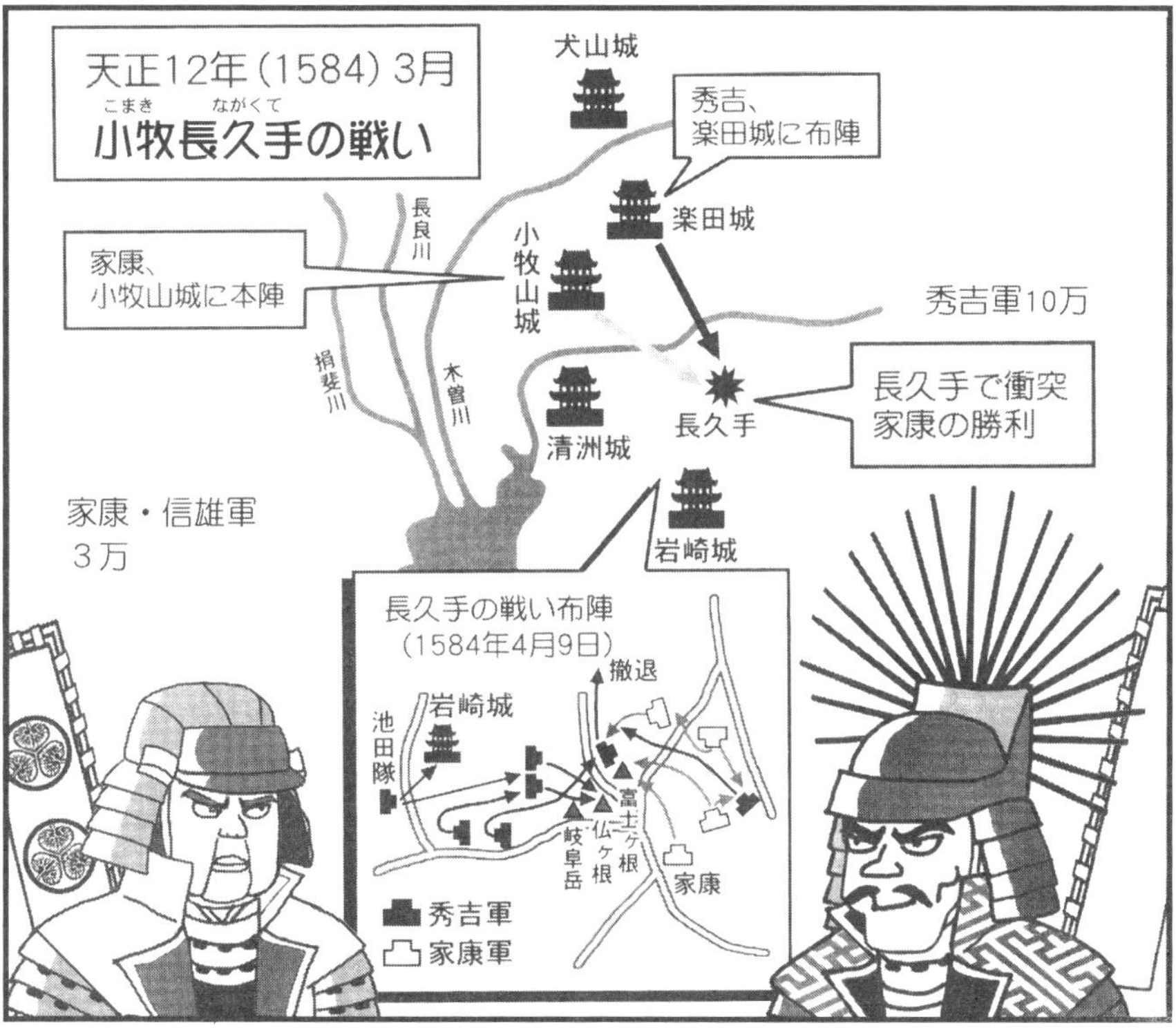

天正12年（1584）3月
小牧《こまき》長久手《ながくて》の戦い
犬山城
秀吉、
楽田城に布陣
楽田城
長良川
小牧山城
家康、
小牧山城に本陣
秀吉軍10万
揖斐川
木曽川
清洲城
長久手
長久手で衝突
家康の勝利
岩崎城
家康・信雄軍
3万
長久手の戦い布陣
（1584年4月9日）
撤退
岩崎城
池田隊
富士ケ根
仏ケ根
岐阜岳
家康
秀吉軍
家康軍

織田信孝が勝手に
秀吉と交渉
停戦に応じた
わしは
参戦して
いない

57

長宗我部元親をたたき、四国を制圧

官兵衛は相手の策略を見抜く

●四国征伐に出かけた

反秀吉の長宗我部元親は四国統一を目指して、伊予（愛媛）の河野氏と戦う。

秀吉は元親に対し「伊予《いよ》（愛媛）と讃岐《さぬき》（香川）を渡せば、土佐《とさ》（高知）と阿波《あわ》（徳島）は安堵《あんど》してやる」と伝えた。これに対し元親は「伊予の返還」しか認めなかった。

天正13年（1585）、秀吉は大将を弟の小一郎秀長、副将を甥の秀次《ひでつぐ》にして四国に攻撃を仕掛けた。官兵衛は先鋒を務める。先乗りの軍監（作戦参謀《さんぼう》）だ。

秀長3万、秀次3万。官兵衛と蜂須賀小六と宇喜多秀家の軍を合わせて、2万3000だ。全部で8万以上の大軍だ。

さらに毛利からは小早川隆景と吉川元長《もとなが》（元春の長男）の援軍が来た。隆景と元長は伊予を攻撃する。

●相手の動きがおかしい

長宗軍の兵8000は、ひそかに近くの白地《はくち》城（三好《みよし》市）に籠った。秀吉軍は上陸すると、次々に城を攻める。城の兵は植田《うえだ》城に逃げ込んだ。実は元親は「秀吉軍が植田城を攻撃したら、白地城の兵で秀吉軍を背後から襲おう」と思っていた。城兵と挟み撃ちだ。

攻めている官兵衛は「何かおかしい」と思った。わざと植田城に逃げ込み、さそっているように感じたのだ。とっさに「これはワナだ！」と植田城への攻撃をやめさせ、転進した。他の城の攻撃に向かったのだ。

元親は「官兵衛に策を見抜かれた」とガッカリ。

●水攻めと力攻めの併用だ

阿波の岩倉《いわくら》城はかなり手強い。官兵衛は、近所の川を引き入れ「水攻め」を決行した。また、力攻めも併用する。城を見渡せるような「井楼《せいろう》」を作り、大砲を設置した。水で動けなくなったところに大砲を撃ちかけ、岩倉城を落とした。

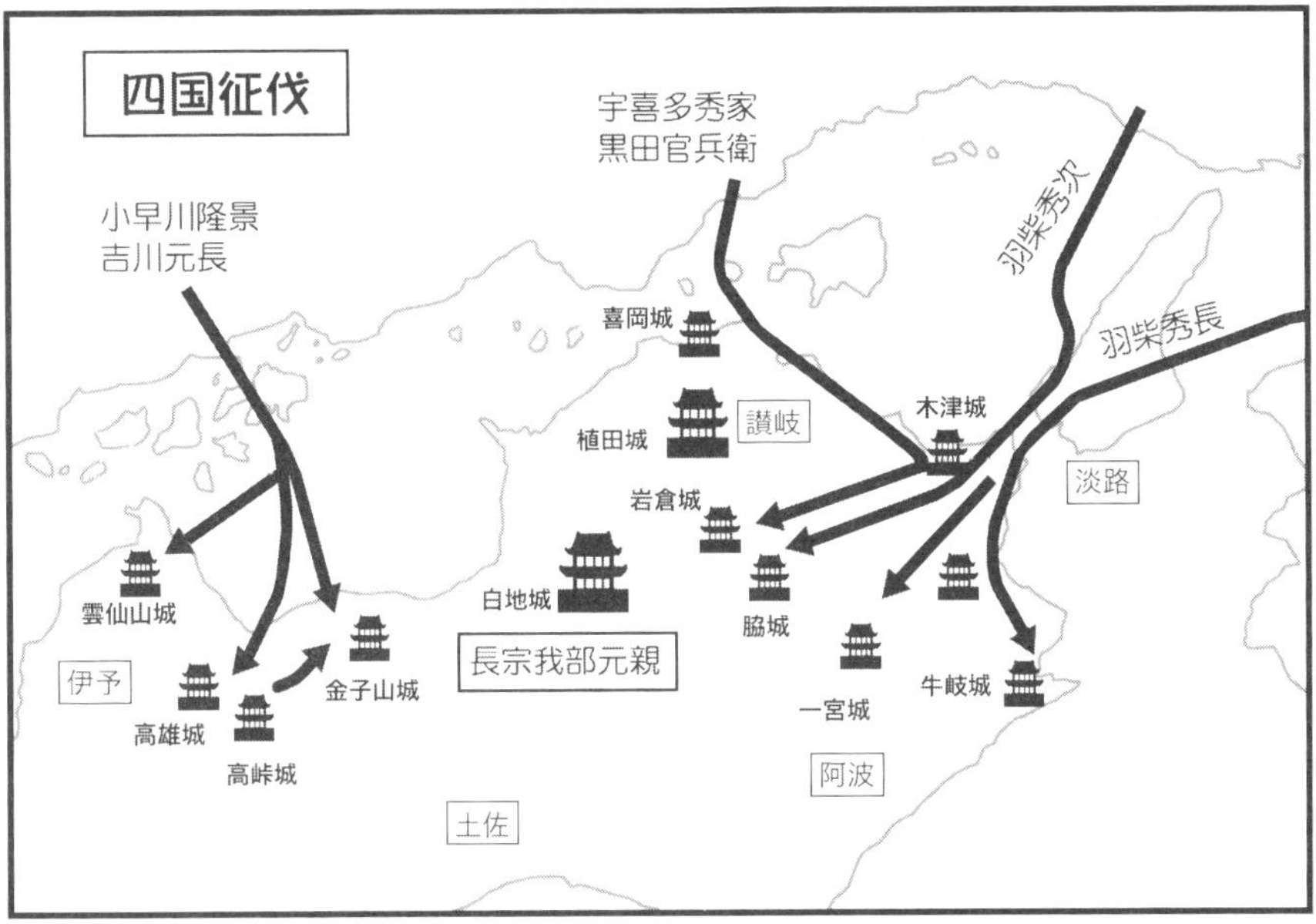
四国征伐
宇喜多秀家
黒田官兵衛
羽柴秀次
羽柴秀長
小早川隆景
吉川元長
喜岡城
植田城
讃岐
木津城
淡路
岩倉城
白地城
脇城
雲仙山城
伊予
高雄城
高峠城
金子山城
長宗我部元親
一宮城
牛岐城
阿波
土佐

長宗我部元親は植田城を攻撃する秀吉軍を白地城の兵が挟み撃ちする作戦をたてる
官兵衛に見破られる官兵衛は兵を引き返した
長宗我部元親
作戦失敗
長宗我部元親は降伏
土佐一国を所領とすることになった

Column

猛将列伝 6

明石《あかし》 全登《てるずみ》

官兵衛の親戚だ

明石全登はめっぽう強かった。官兵衛の母親は明石家の人で、そのため、全登の父とは従兄弟にあたる。

全登の読みは「てるずみ、たけのり、かげもり」とあり、どれが正しいかはわからない。キリシタンで、洗礼名はジョバンニだ。

関ヶ原の戦いのときは、西軍の宇喜多秀家に属した。その強さは島左近と双璧だ。

全登と左近は、西軍の「飛車、角」といわれた。

関ヶ原の前半戦、東軍は軍の半分が参戦、西軍は2割しか参戦していない。それでも、西軍が押していたのだ。

「なぜ、東軍が負けているんだ」と家康はいぶかった。西軍が勝っているのは、左近と全登が比べものにならないくらい強かったからだ。ほとんど2人で戦っているにもかかわらず、東軍は押されている。

しかし、左近は黒田隊の鉄砲乱射に倒れた。全登は黒田長政に助けられ、そのまま、全登と明石の家臣300人は九州の官兵衛のもとに走った。

関ヶ原のあと、官兵衛の家臣・黒田図書助は明石全登を保護した。キリシタンに対する理解があった人だ。

大坂冬の陣では、豊臣側で大坂城に参戦する。後藤又兵衛と仲良くなり、ともに戦うことになる。不思議な縁でつながっている。

最後の消息は不明で、戦死したとも、南蛮に逃れたともいわれている。

第7章

天下はもうすぐ

——秀吉の九州攻めで、官兵衛は豊前に支配地をもらう

58 秀吉は関白となり、私戦を禁じる

島津義久が九州全土に手を伸ばしてきた

●秀吉が関白《かんぱく》となる

天正13年（1585）7月、秀吉は従《じゅ》一位・関白藤原秀吉になった。関白になるにはまず、藤原北家《ほっけ》（摂《せっ》関《かん》家）でないといけない。そのため、形ばかり「近衛《このえ》前久《さきひさ》の養子」になっていた。

もとは信長に習って平氏を名乗り、征夷大将軍になろうとしたがだめだった。そこで足利と縁組みし、源氏を名乗ろうとしたが失敗する。

こうして幕府を開く夢は消えてしまった。しかし、天下取りのためには権威も必要だ。そこで秀吉は「関白」になった。いまだに従わない島津、北条、伊達に対する心理的効果があった。

天正14年（1586）、官兵衛は「従五位下・勘解《かげ》由《ゆ》次官」に任じられる。秀吉は太政大臣になり、豊臣姓を賜る。

また秀吉は「惣無事令」を発布した。大名どうしの勝手な戦争を禁止するというものである。

●大友宗麟が秀吉に泣きつく

九州では豊後の大友宗麟《おおともそうりん》と島津義久《しまづよしひさ》が戦っていた。宗麟は苦戦を強いられていた。何とか盛り返したい宗麟は秀吉に泣きついた。秀吉としても島津が強くなりすぎては困る。

秀吉は関白として「停戦命令」を出した。すでに「惣無事《そうぶじ》令」によって私戦を禁じている。秀吉は「島津は、豊前《ぶぜん》（福岡県）・筑後《ちくご》（福岡県）・肥後《ひご》（熊本県）を大友に返還せよ」と言った。もちろん、義久はまるで従う気はなかった。

●官兵衛が毛利軍と出陣

天正14年（1586）7月、秀吉は九州征伐を決意する。官兵衛は軍監（参謀）として豊前に乗り込み、毛利軍と合流した。豊後には仙石秀久《せんごくひでひさ》を軍監として、四国軍（長宗我部元親や十河存保《そごうまさやす》など）が上陸していた。

天正13年（1585）
秀吉は藤原北家と
縁組みをし関白となる
翌年
太政大臣になり
豊臣秀吉を名乗った
官兵衛は
従五位下勘解由《かげゆ》次官だ

九州では
豊後の大友宗麟と
島津義久が戦っていた

島津が強くなり
すぎるのは困る

官兵衛は
軍監（参謀）になり
九州征伐に向かった

59 上陸した黒田八虎が活躍する

仙石秀久《せんごくひでひさ》が島津と激突して、惨敗する

●黒田八虎も活躍する

官兵衛は先鋒として豊前の小さな城の城主に会う。

「もうすぐ秀吉が大軍を率いてやってくる。秀吉の天下だから逆らわないほうがいい」と説得した。

豊前は大阪からは遠く離れており、情報にうとい人たちばかりだ。官兵衛の言葉を鵜呑みにし、すぐに人質を出して、降参した。

説得に応じない城主たちは、毛利軍が簡単に攻め落とした。

黒田八虎《はっこ》と言われた武将も活躍する。おなじみ母里《もり》太兵衛《たへえ》、栗山善助《くりやまぜんすけ》、後藤又兵衛《ごとうまたべえ》、官兵衛の弟・黒田兵《ひょう》庫助《ごのすけ》、同じく弟・黒田修理助《しゅりのすけ》、キリシタンの黒田図書《ずしょの》助《すけ》、そして、井上九郎右衛門《いのうえくろうえもん》だ。

●四国軍は島津に完敗する

天正14年（１２８６）12月。仙石秀久《せんごくひでひさ》が軍監（参謀）を務める四国軍は豊後（大分県）に上陸する。戸次《へつぎ》川で、島津家久と激突する。

ここで、島津が得意な「釣《つ》り野《の》伏《ぶ》せ」という戦法に出た。これはわざと負けたようなフリをして撤退する戦略だ。四国軍は島津の戦法に引っかかり、惨敗する。長宗我部《ちょうそかべ》信親《もとちか》や十河《そごう》存保《まさやす》は行方不明、軍神の仙石秀久は逃げてしまった。

●秀長と合流する

官兵衛は秀吉の本隊が来るのを待った。秀吉は本隊を2つに分け、肥後（熊本）ルートをとった。別働隊は弟の小一郎秀長が総大将になる。秀長は豊後（大分）、日向（宮崎）ルートで、官兵衛は秀長と合流する。

官兵衛の秀長軍にも、島津は「釣り野伏せ」の戦法を仕掛ける。しかし、官兵衛はわざと負けて撤退する軍を見て、「深追いするな」と自軍に言った。「こういうときには伏兵がいるはずだ」。兵法でいう「十面埋《じゅうめんまい》伏《ふく》の法」だ。

官兵衛の部下
黒田八虎が大活躍した
母里太兵衛
栗山善助
後藤又兵衛
ほかに
黒田兵庫助
(官兵衛の弟)
黒田修理助
黒田図書助
黒田三左衛門
(官兵衛の養子)
井上久郎衛門 らだ

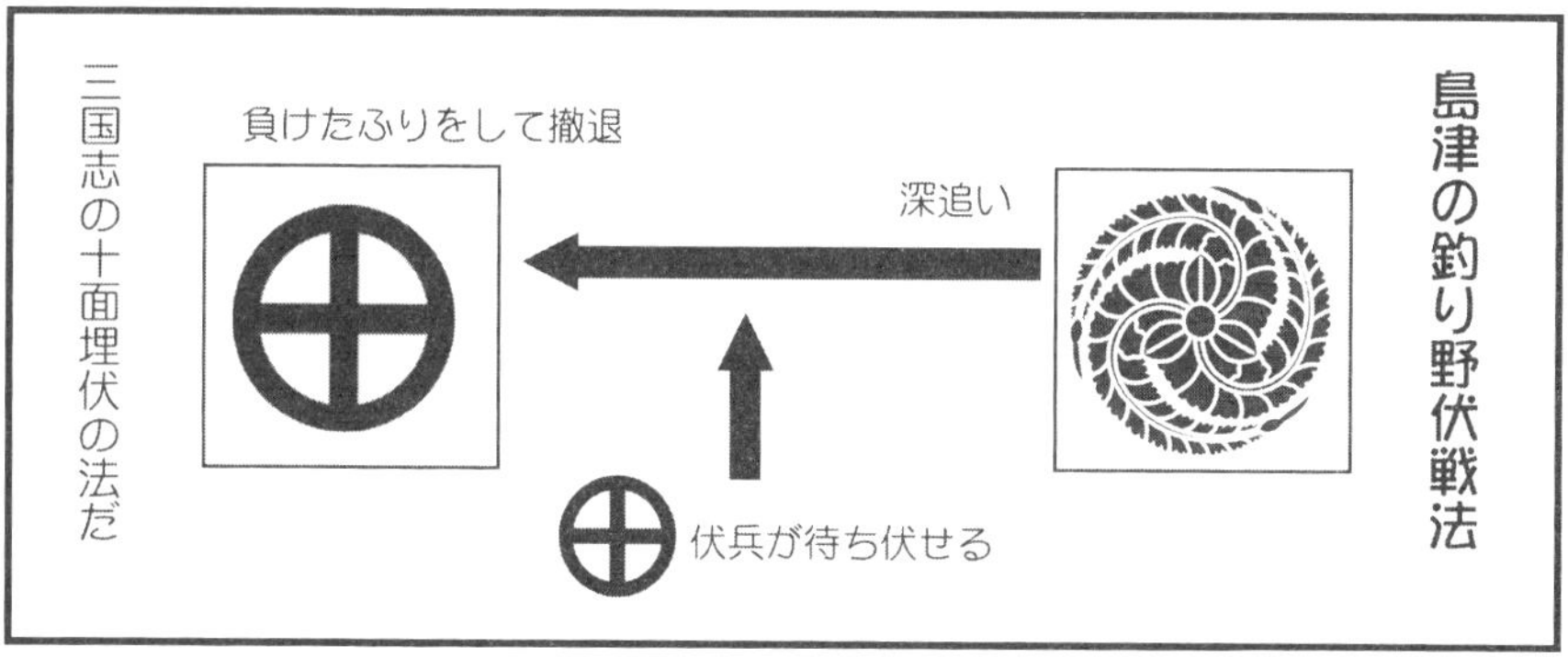
島津の釣り野伏戦法
深追い
負けたふりをして撤退
伏兵が待ち伏せる
三国志の十面埋伏の法だ

深追いするな
こういうときは
伏兵がいる
ちっ
官兵衛は
ひっかからなかった

60

根白坂の夜襲が返って命取りに

島津軍が撤退を余儀なくされた

●夜襲に備えろ

官兵衛と秀長は着実に制圧しつつ南下した。島津義久も他国での戦いは不利と見て、薩摩《さつま》で戦おうと撤退する。

秀長軍は高鍋城《たかなべ》（財部《たからべ》とも／宮崎県）から高城《たかじょう》（同じく宮崎県）までの間、51カ所と多くの陣を構えた。官兵衛と友軍・宮部継潤《みやべけいじゅん》は前線基地根白坂《ねしろざか》に陣を構える。「遠征隊には、夜襲をかける」のが鉄則だ。遠征隊は疲れて、夜は寝ている場合が多いためだ。官兵衛は黒田隊や毛利軍に、夜襲に備えて周囲の陣を固めさせた。

案の定、義久、弟の義弘《よしひろ》、家久《いえひさ》が、継潤の陣に夜襲をかけてきた。黒田隊や毛利軍はすぐに援軍を出す。島津軍を返り討ちにしてしまった。

●黒田長政が孤軍奮闘するが…

このとき黒田隊は高鍋城を攻撃した。長政が単独行動をとり、敵陣に斬り込んだ。官兵衛、石田三成、蜂須賀小六が心配して遠巻きに見ている。

長政は島津兵に刀をたたき落とされ、絶体絶命のピンチに陥る。しかし、果敢に脇差しで戦い、窮地を脱出した。長政は多くの手柄をあげた。

黒田の家臣たちは長政の奮闘をほめた。しかし官兵衛は「単独行動を好むのは、『葉武者《はむしゃ》（とるにたらないサムライ）』のやることだ。大将になる道ではない」と、長政を諫《いさ》めた。後を継がせたいからこその言葉だ。

●島津義久が降参した

島津軍の勢力は衰えていく。ついに、義久は秀長に降参した。

天正15年（１５８７）、義久は剃髪《ていはつ》して、秀吉に正式に謝罪する。秀吉は義久の罪を不問にし、所領安堵《しょりょうあんど》を約束し、刀ふた振りを与えた。これで、残る敵は北条と伊達のみとなる。

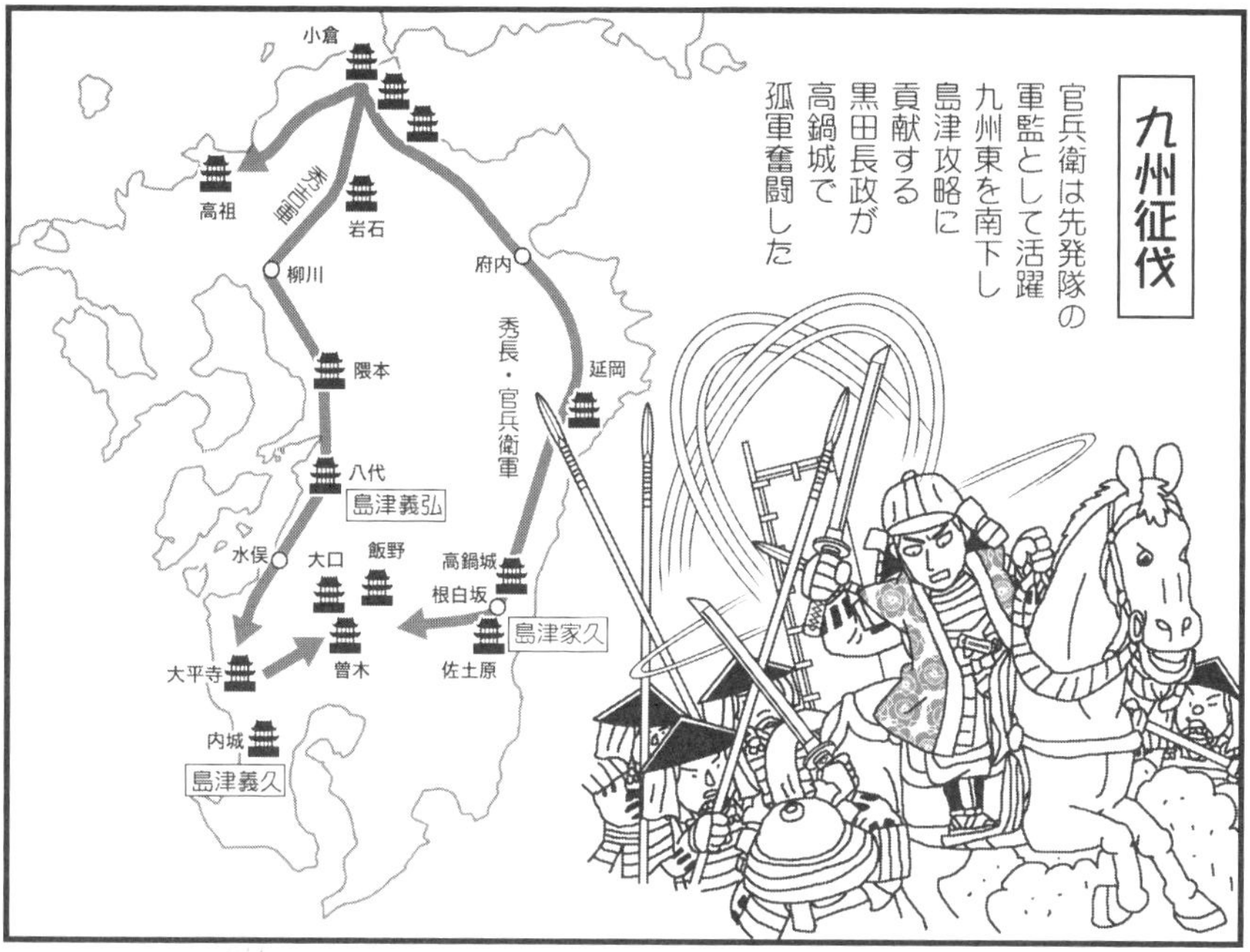
九州征伐
官兵衛は先発隊の
軍監として活躍
九州東を南下し
島津攻略に
貢献する
黒田長政が
高鍋城で
孤軍奮闘した
小倉
高祖
岩石
秀吉軍
柳川
府内
秀長・官兵衛軍
隈本
延岡
八代
島津義弘
水俣
大口
飯野
高鍋城
根白坂
島津家久
佐土原
大平寺
曽木
内城
島津義久

刀を落とされ
ピンチ

脇差しで
しのいだ

一人の行動を
好むのは葉武者
(とるにたらない
サムライ) だ

61

官兵衛は豊前6郡を支配地にする

まず検地を行い、法律を作る

●検地を行い年貢を決める

官兵衛には九州征伐の手柄によって領地が与えられた。豊前6郡だ。京都《みやこ》、築城《ついき》、中津《なかつ》、上毛《こうげ》、下毛《しもげ》、宇佐《うさ》である。現在の福岡県東部から大分県北部あたりだ。与えられた領地は12万石だ。

四国征伐の恩賞はほとんどなく、不満が残ったが、今回の恩賞は妥当な線だ。

まず官兵衛は「検地」を行った。それまでの検地は「差し出し検地」といって自己申告だった。これはスピーディだが、隠田《おんでん》（かくしている田んぼ）がある。今でいう所得隠しだ。

秀吉は大坂城築城の頃から検地を始めていた。のちに太閤《たいこう》検地と言われる。検地尺《けんちじゃく》や検地升《けんちます》を用い、全国規模で行われた。度量衡《どりょうこう》（ものの単位）も統一された。

天正15年（1587）、官兵衛の行った検地では「隠田は申告せよ」と言った。素早く終わらせるため「差し出し検地」にして、1カ月で終わらせたのだ。それに基づき年貢を決めた。

●なるべく守りやすい法をつくる

官兵衛は簡単な法律を作る。かつて漢《かん》の高祖劉邦《りゅうほう》は「法は殺さず、傷つけず、盗まずの三法」と言った。

官兵衛はこれに倣《なら》い、1つ、親や夫に背くものは罪である。2つ、人を殺したり、物を盗んだり、それを企てるものは処罰する。3つ、隠れて田畑を切り開く（年貢をごまかす）ものは罪である。なお、これらのようなことを密告した者には褒美《ほうび》をとらせる、とした。

なるべく、領民が守りやすい法律にしている。領民を新しい支配者に従わせるのは難しいのだ。

●地元の武士を無視できない

もともと、豊前は大友氏と大内氏の支配地だ。在地武士をいかに把握するかが問題だ。秀吉政権がバックにあるといっても、地元の勢力を無視できない。

さっそく肥後（熊本）で大きな一揆《いっき》が起こった。

九州征伐の恩賞で
官兵衛は豊前6郡を
所領する
周防灘
企救
京都
中津城
国東半島
築城
田川
上毛
仲津
宇佐
豊前
下毛
12万石だ
漢の劉邦
法は三章
法はたった三章の
簡単なものにしよう
劉邦にならって
なるべく守り
やすい法を作ろう
1.親や夫に背くものは罪
2.人を殺したり、
物を盗んだり、
それを企てるものは罪
3.隠れて田畑を
切り開くものは罪
それらを
密告する者に
褒美をとらせた

62

肥後で大きな一揆が起きる

官兵衛と小早川隆景は原因を探る

●肥後の一揆へ向かった

天正15年（1587）、肥後（熊本）の領民たちが蜂起する。新しい領主・佐々《さっさ》成政《なりまさ》に叛旗をひるがえしたのだ。

領民たちは所領安堵と言われたので、てっきり「もとのまま」だと思っていた。ところが新領主の佐々成政が「検地をして年貢を決める」と言い出し、反発したのだ。「所領安堵ではなく、支配地だ」と怒った領民たちが立ち上がったのである。

それに対して、柳川《やながわ》（福岡）の立花宗茂《たちばなむねしげ》が成政の救援に向かう。また、争乱になり始めた。

京都の秀吉は聚楽第《じゅらくだい》を建設中で、「九州は片付いた」とのんびりしていた。官兵衛が「九州の一揆が大変だ」と通報したので、秀吉もビックリ。

そこで、「小早川隆景となんとかしろ」という手紙を2度も出す。官兵衛は豊前のことは長政にまかせ、小早川隆景と会うことにする。

●佐々成政の罪も重い

救援に向かった立花宗茂の奮闘で肥後の一揆は鎮圧された。官兵衛と隆景は一揆を起こした在地武士に会い、原因を聞いた。

在地武士は「新領主・佐々成政の施政が悪い」と言う。どうやら成政のやり方が強引だったようだ。

これを官兵衛が秀吉に報告すると、秀吉は一揆を起こした在地武士をみな殺しにした。一揆は重い罪なのだ。

そのあと、秀吉は成政を尼崎まで呼び寄せ、腹を切らせた。秀吉は「佐々成政の領国支配が適切でなかったため、一揆が起きた」と言った。

●熊本は加藤清正、小西行長《こにしゆきなが》の支配地となる

成政のあと、加藤清正が隈本《くまもと》（熊本）城に入り、25万石を受けた。小西行長は宇土《うと》城に入り、24万石を給している。

天正15年（1587）
肥後で大きい
一揆が起きる
佐々成政《さっさなりまさ》
佐々成政の
強引な施政に
反発した
国人たちが
起こしたのだ
官兵衛と小早川隆景が
制圧に向かう
立花宗茂も救援にきた
一揆を起こした在地武士は
みなごろしになる
佐々も秀吉の
命令で切腹した
九州には加藤清正と
小西行長が入り所領を得た
宇土24万石
熊本25万石

63

初めてといえる領地で、大きな反乱が起きた

黒田家が崩壊するような大事だ

●領地で大きな反乱が起きる

官兵衛は肥後の一揆収拾のため右往左往していた。

そのころ、官兵衛の領地豊前で一揆が起きる。野中鎮兼《のなかしげかね》、中島統次《なかじまのぶつぐ》、加来統直《かくのぶなお》、犬丸越中守《いぬまるえっちゅうのかみ》などが叛旗をひるがえしたのだ。

最大の首謀者は宇都宮鎮房《うつのみやしげふさ》だ。宇都宮氏の拠点は神楽《かくら》城（福岡県）だ。

肥後に出かけた官兵衛の留守を守っていた長政のもとに「反乱の報せ」が入ってくる。

官兵衛はただちに法然寺（福岡県）に戻った。官兵衛は長政と連絡を取り合う。長政の居城は馬が岳城（福岡県）で、法然寺とは距離にして8キロ離れている。

●これは黒田家の命運がかかる大事だ

長政は官兵衛に知らせる一方、早くも出撃する。反乱は各地で起きているので、当面の目標を姫隈《ひめくま》城（福岡県築上郡）にしぼった。

長政は姫隈城を鎮圧するが、多くの敵の援軍に囲まれる。「ここで負けたら面目が立たない」と、長政はなんとか切り抜け、居城の馬が岳城に帰る。官兵衛と今後について話し合った。

官兵衛は反乱の規模はかなり大きく、「黒田家の命運がかかっている」と判断する。

●宇都宮鎮房反乱の理由

宇都宮鎮房は鎌倉以来の国人で、城井谷《きいだに》（福岡県）一帯を支配していた。官兵衛が豊前に来たため、秀吉から「伊予（愛媛）の今治《いまばり》（筑後という説もある）に行け」と言われた。だまってこれに従うわけにいかない。

鎮房は毛利吉成に仲介を頼み、打開策を探る。秀吉からの朱印状（移動の命令）を突き返そうとした。

鎮房が移動に応じないので、長政は城井谷一帯を力ずくで制圧しようとした。

官兵衛の領地
豊前でも一揆が起きた
首謀者は宇都宮鎮房《しげふさ》
宇都宮は鎌倉以来の国人で
城井谷（福岡）一帯を
支配していた
伊予（愛媛）の今治へ行け
移封はできない
秀吉の朱印状を
突き返した
肥後に出かけていた
官兵衛は急いで戻り
長政に会った
これは黒田家の命運がかかる大事だ

64

長政が宇都宮鎮房に敗北する

官兵衛が止めるのもきかず、先走る

●判断が甘く未熟だ

宇都宮鎮房は城井谷の奥深い谷の寒田《さはた》村を拠点にしていた。屋敷の周りは巨岩で囲まれ、天然の要害になっている。

鎮房は兵糧や馬を奪い、放火も起こしている。長政は官兵衛に「早く攻撃しよう」と促した。しかし官兵衛は「まだその時期ではない」と制止した。

長政の周りは若い武将ばかりだ。ベテランの母里《もり》太《た》兵衛《へえ》は他所に出陣中だ。官兵衛から見れば、若い武将はまだ判断が甘い。家臣からも「城井谷は岩に囲まれ、攻撃しても不利な点も多い。冬になると平地に出てくるので、そこをたたいたほうがいい」という意見が出た。長政はまだ20歳だ。はやる気持ちを抑えきれない。若い家臣2000を連れて、攻撃に出た。

●若い者だけで戦ってはいけない

長政は単独で鎮房をたたいた。宇都宮軍が撤退する。長政はこれを深追いしてしまったのだ。岩の深いところまで来ると、宇都宮軍は反転して反撃に出る。

あわてて長政は撤退するが、鎮房は容赦なく攻撃を仕掛けてきた。長政は数人の護衛のおかげで助かった。

長政はなんとか居城馬が岳城まで逃げ帰った。完全に敗北だ。官兵衛は「若い者だけで戦ってはいけない」といさめた。

また官兵衛は「こういうときは夜襲に用心するように」とも言った。すると、本当に夜に宇都宮軍の襲撃があった。これを退治して、90人のクビをとったのだ。

●長政は立ち直った

宇佐《うさ》、上毛《こうげ》、下毛《しもげ》の国人たちも続けざまに反乱を起こした。長政は、今度は次々と制圧することができた。官兵衛の弟・利高《としたか》が長政のところへ様子見を兼ねて陣中見舞いに来た。しかし、長政がしっかり戦っているので、安心して引き上げたという。

宇都宮は城井谷の奥深い寒田村を拠点としていた
早く攻撃しよう
まだその時期ではない
20歳の長政ははやる気持ちがおさえきれず攻撃に出た
深追いして反撃に合う長政はかろうじて逃げ戻った
若い武将は判断が甘い若い者だけで戦ってはいけない

65

宇都宮鎮房の誅罰で、一揆が収束した

有力武将が次々と降参する

中間《なかま》統種《のぶたね》の降参で収束に向かう

中間統種は宇都宮鎮房と並ぶ有力武将だが、早いうちに官兵衛に降参した。その降参の仕方が少々変わっている。実は「官兵衛に降参したほうがいいか、よくないか」を、一族が投票で決めたのだ。

結果は「降参してもよい」が過半数であった。そこで決心し、官兵衛に降参したという。

また山田大膳という強敵がいた。官兵衛は中間統種を先導役にして大膳に攻撃をしかける。当然大膳は統種を味方だと思い、自分の城に入れようとした。油断したすきに、官兵衛は大膳を討ち取ったのだ。

さらに官兵衛は下毛、上毛の境にある雁股《かりまた》城の野中左京太夫、下毛の犬丸城の野中兵庫助の一族も攻め落とした。

宇都宮鎮房が「偽装投降」をする

友軍が次々に落とされ、宇都宮鎮房は抵抗できなくなる。ここで鎮房は小早川隆景や毛利壱岐守《いきのかみ》に仲介を頼み降伏した。

官兵衛と長政は「鎮房の降伏は、一時しのぎではないか」と疑っている。官兵衛が肥後に出かけたとき、案の定《じょう》見計《みはか》らったように鎮房が長政のもとに挨拶にやってきた。挨拶なら官兵衛がいるときにすればいいのであって、留守のタイミングを狙うのは怪しい。

２００人の兵とともに鎮房がやって来て、酒の相手をする。危険を察知した長政は鎮房に太刀を浴びせた。鎮房は逃れたが、追撃して城井谷《きいだに》城を攻めた。

長政は宇都宮一族をハリツケにして、根絶やしにした。鎮房も誅罰《ちゅうばつ》（罪のあるものを罰すること）された。

ここが安住の地となる

鎮房の誅罰で、一揆はほとんど片付いた。黒田家はこの場所から朝鮮や関ヶ原へ出兵することになる。

さらに江戸に入り、筑前福岡藩が結実するのだ。

官兵衛と長政は有力武将を次々と落としていった
中間《なかま》統種《のぶたね》
官兵衛に降参するか否か投票で決めよう
降参票が多かったので
降参
降参
降参
降参
降参
宇都宮鎮房が偽装投降する官兵衛の留守を狙ってやって来た
怪しい
危険を察知した長政は鎮房を追撃根絶やしにした
以後筑前福岡藩は幕末まで黒田家の所領となる
筑前福岡

66

ワシのあとの天下はだれのものじゃ？

官兵衛は保身のため家督を譲ったか

●天下はだれのものじゃ？

秀吉は家臣たちに「もし、ワシが死んだら天下はだれのものだろう？」と聞いた。家臣たちは「前田か、蒲生か、家康か……」と口々に答える。

すると秀吉は「いやいや。官兵衛だ」と答えたという。「戦いの折、ワシはいろいろ思案してやっと策をひねり出す。そのとき、官兵衛はいとも簡単にその策を言ってのける。まさに『春秋の筆法』（ズバリ本質を言うこと）だ」と、秀吉はその理由を語った。

官兵衛はこの話を秀吉のお伽衆《とぎしゅう》・山名禅高《やまなぜんこう》から聞いた。「もし秀吉が天下を取ったら、この身が危ない」と、隠居《いんきょ》することに決めた。

これは、一般に膾炙《かいしゃ》（広まっていること）している話だ。しかし少々できすぎている感がある。

●家督を長政に譲る

官兵衛は漢の高祖劉邦《りゅうほう》の参謀の張良《ちょうりょう》を尊敬している。張良も劉邦が天下を取ったとき、隠居して保身を図った。「狡兎《こうと》死して、走狗《そうく》煮らるる（ウサギが死んで、ウサギ狩りの犬が煮られる）のたとえあり」という。官兵衛は息子の長政に家督を譲ることにした。

天正17年（１５８９）、官兵衛は44歳で、黒田家の家督を息子の長政に譲った。

これが本当に保身のためだったかどうかはわからない。しかし構わず秀吉は官兵衛にもう一仕事させる気だ。官兵衛を大坂へ呼び出す。官兵衛は家督は別として、小田原攻めに向かわなければならなかった。

●秀吉は北条と断絶する

天正17年（１５８９）、秀吉は小田原との断絶を通告、ついに戦争の局面を迎えつつあった。秀吉は「惣無事《そうぶじ》令」の伝達以来、北条氏政《うじまさ》と氏直《うじなお》の親子に上洛《じょうらく》を促していた。ところが、一族の氏規《うじのり》を上洛させるのみで、お茶を濁していたのだ。

もしわしが
死んだら
天下は
誰のものか？
前田利家
蒲生氏郷《がもううじさと》
徳川家康
いやいや
黒田官兵衛だ
戦いのおり
わしがいろいろ
思案して策を
ひねり出す
官兵衛はいとも
簡単にその策を
言ってのける
その話を聞いた
官兵衛は隠居する
ことにした
まだ44歳だった
秀吉様の
天下になれば
この身が危ない
張良にならおう
張良*も
劉邦が天下をとると
隠居して保身をはかった
＊漢の高祖劉邦の参謀
劉邦
張良

67 茶人たちは「政治的な情報源」だ

茶の道に深くなった

●次第にお茶の道に入っていく

信長が生きていた頃、家臣や周りの者は好きでなくても茶会に参加させられた。官兵衛の茶会の記録は古い。ただし「武士たる者は茶湯を好むものではない」と固いことも言っていた。

かつて官兵衛は秀吉から無理に茶会に誘われたことがある。秀吉が言うには「もし、武将同士が会っていたら何かと疑いをかけられる。しかし、茶会の席なら誰も怪しまない」。

官兵衛は「なるほど」と思い、以来、中国攻めの頃から、陣中で秀吉とお茶を点てている。

小田原攻めの際も、陣中でよくお茶を点てた。千利休《せんのりきゅう》、津田宗及《つだそうきゅう》、神屋宗湛《かみやそうたん》などの茶人と積極的に交流する。茶人たちは「政治的な情報源」なのだ。

●有名な忍《おし》城の攻撃が始まる

天正17年（１５７９）、秀吉は北条攻撃を開始する。

まず、関東、小田原周辺の城を攻撃した。『のぼうの城』（和田　竜／小学館）でも有名な忍城攻撃だ。忍城は埼玉県行田《ぎょうだ》市にあり、近くには湖がある。

忍城の主・成田長親《なりたながちか》は領民から「でくのぼう」、略して「のぼう」と言われていた。城には領民２０００人（武士は５００人しかいない）が立て籠る。

秀吉は石田三成に「忍城を落として手柄を立てよ」と言った。三成は攻撃開始するが、忍城の連中は士気が高く、なかなか落ちない。石田軍は2万もいたのにだ。

●三成は巨大な堤防をつくる

三成は「官兵衛が備中高松城で行った水攻め」をまねることにした。総延長28キロという「石田堤」という土手を作り、川から水を引き込む。

しかしこの「石田堤」は最終段階で失敗し、忍城は小田原城の落城まで持ちこたえた。

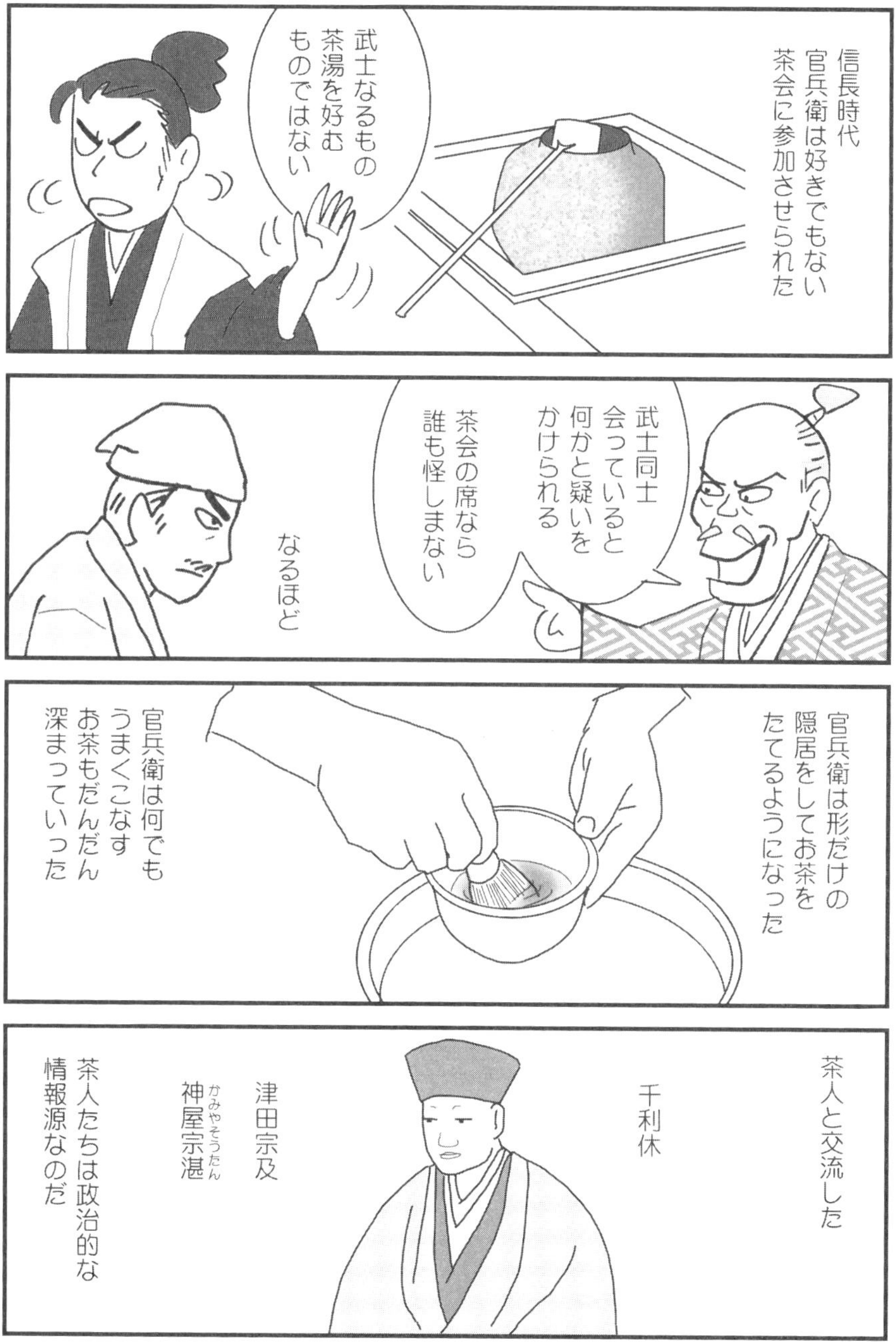
信長時代
官兵衛は好きでもない
茶会に参加させられた
武士なるもの
茶湯を好む
ものではない
武士同士
会っていると
何かと疑いを
かけられる
茶会の席なら
誰も怪しまない
なるほど
官兵衛は形だけの
隠居をしてお茶を
たてるようになった
官兵衛は何でも
うまくこなす
お茶もだんだん
深まっていった
茶人と交流した
千利休
津田宗及
神屋宗湛《かみやそうたん》
茶人たちは政治的な
情報源なのだ

Column

猛将列伝 7

真柄《まがら》 十郎左衛門《じゅうろうざえもん》

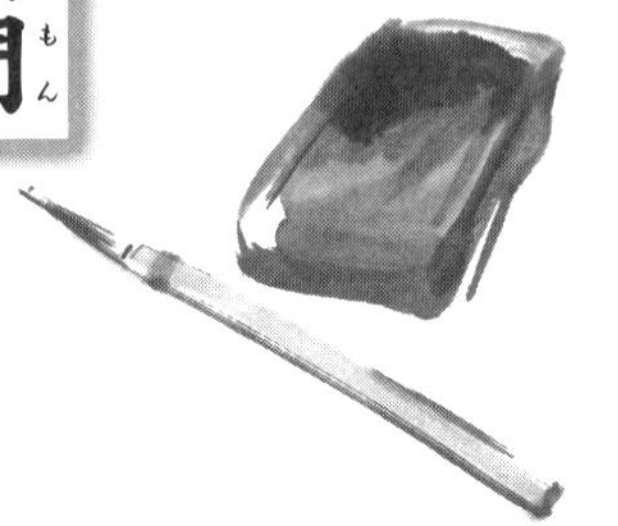

次郎太刀、太郎太刀をふりかざして

姉川の戦いで織田信長と浅井・朝倉連合がぶつかり合う。このとき、朝倉方で活躍したのが真柄十郎左衛門直隆だ。

真柄の母親は「お秀」といって、怪力の女性だった。四斗俵《よんとたわら》を軽々、かついだほど。宿の中居からお城に上がった人だ。真柄家の武将といっしょになり、生まれたのが、十郎左衛門だ。

この十郎左衛門は1日2升《しょう》の飯を食った。体重67貫（200キロ以上）、身長が6尺4寸8分（約2メートル）だ。

鎧が60貫もあり、鎧をつけ、馬に乗ると、馬が400キロの重さに耐えられない。そこで、鎧は別にして戦場に運んだという。

また太郎太刀、次郎太刀、という大太刀を振り回した。この太刀も5尺3寸（約175センチ）のあったという。

あまりに強すぎて、相手になる者がいない。

姉川の戦いでは、本多平八郎と戦った。

結局、信長軍に深く斬り込み過ぎ、青木所《あおきしょ》右衛門《えもん》に討ち取られた。

青木の刀は「真柄切」と名付けられたという。

第8章

朝鮮出兵が命取り

――秀吉が死んで、また天下争乱か？

68 黒田軍は北条氏照の構えを撃破する

早くも秀吉から褒美の刀をもらう

●北条氏照《うじてる》に攻撃を仕掛ける

官兵衛は長政を連れ小田原に駆けつけた。北条一族は多い。初代・伊勢新九郎《いせしんくろう》（北条早雲《そううん》）の頃から繁栄してきた。秀吉は「まず小田原の周囲の砦や支城を破壊せよ」と命じる。石田三成を大将に据《す》えた軍は忍《おし》城（埼玉県行田市）に向かう。

官兵衛親子は北条氏照の居城・八王子城を落としにかかる。上杉景勝らとともに黒田軍は易々と八王子城を攻略した。秀吉は官兵衛親子に褒美《ほうび》として太刀を与えた。

北条氏はさらに多くの支城を作り、総構えを築き、秀吉に対抗した。

負けじと秀吉軍も次々と支城をつぶす。そして、小田原城に囲みを作った。得意の「兵糧攻め」だ。

●家康の寝返りを警戒する

徳川家康と北条は親戚どうしだ。もし、家康が北条に寝返ったら大変だ。官兵衛は家康に会いに行く。

これまで官兵衛は正式に家康と会ったことがなかった。得体が知れない相手とうまく交渉できるだろうか。

官兵衛は秀吉に、家康との面会を許可してもらうよう申し出る。「よかろう。すべてまかせる」という快諾を秀吉から取りつけた。適当な手みやげを持って出かけることにする。

●徳川家康の陣に出かける

官兵衛は家康の陣で家康と会った。家康は官兵衛の口上を聞く。「ハハハ。たしかに氏直の妻はワシの娘だ。平時はまことに仲のいいものだ。しかし、こうして敵味方になると具合が悪い」と言った。官兵衛は「秀吉を裏切らないほうがいい」と力説した。家康は官兵衛が言った口上にことごとく同意した。

要するに、まったく北条に味方する気はないということだ。

北条攻めが始まった
城主・成田長親
忍城《おしじょう》
北条は支城が多い 石田三成は 忍城を水攻めしたが なかなか落ちなかった

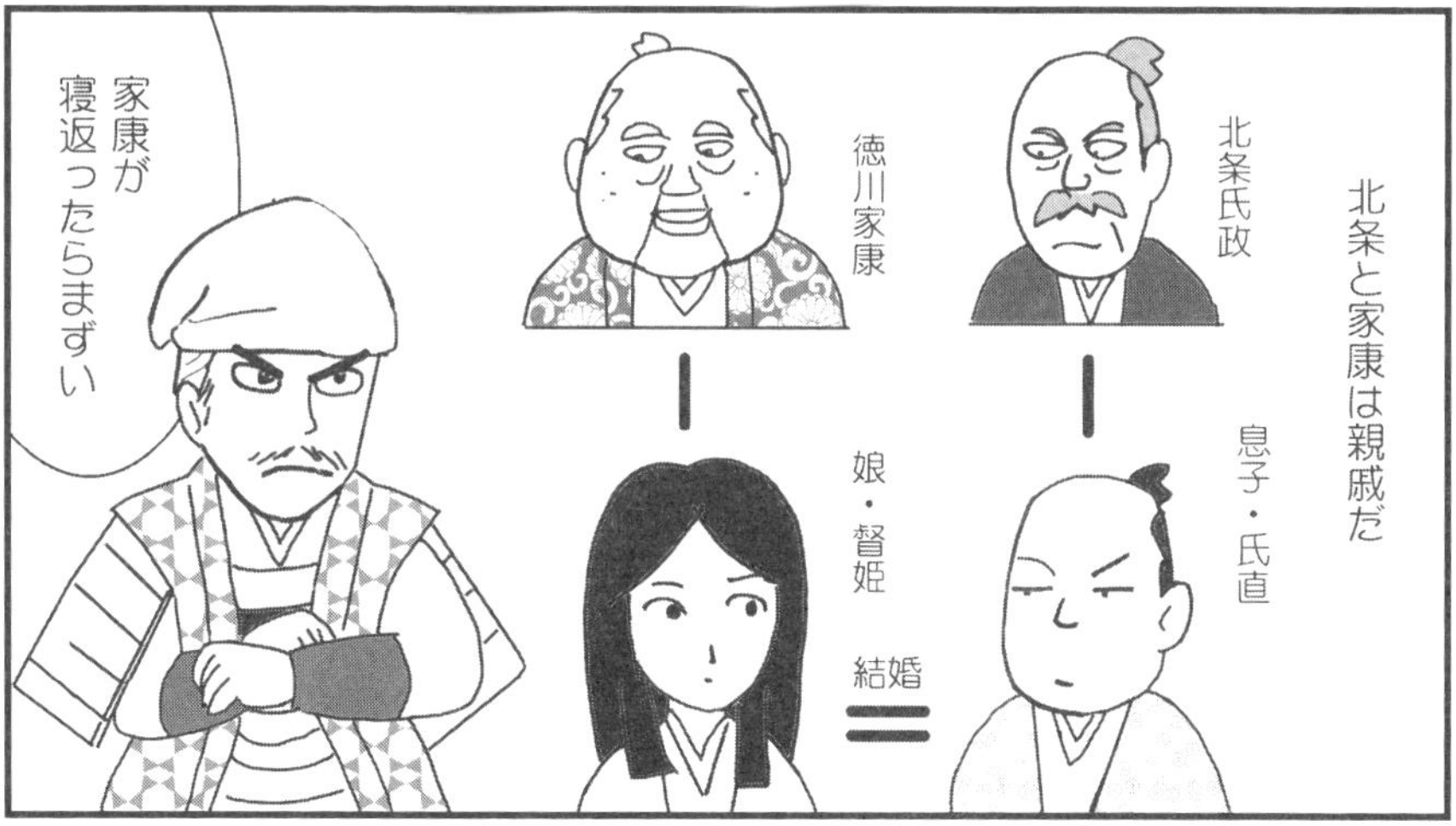
北条と家康は親戚だ
北条氏政
息子・氏直
徳川家康
娘・督姫
結婚
家康が寝返ったらまずい

官兵衛は家康に会いに行く
ハハハ… 確かに 氏直の妻は わしの娘だ こうして 敵味方になると 具合が悪いのお
家康は北条に 味方する気は ないな…

69 小田原城の和睦派をたらしこむ

陣中見舞いを送って、和睦を促した

●長政は転戦の準備をする

秀吉は小田原城の周囲に囲みを作り、そこに「付城」を作った。長政は箱根山峠に陣を張る。しかしこれは小田原城攻撃のためばかりではなかった。小田原城が落城したら、すぐに陸奥《むつ》や会津《あいづ》に転戦するのだ。

秀吉軍はどんどん支城を落としていく。援軍がないので、北条方はかなりあせっている。

●城内にワイロを送る

秀吉は小田原城南西の石垣山に突貫で城を作った。伝説の「石垣山の一夜城」だ。

小田原城を囲み続けてついに100日が経った。北条方では家臣の松田憲秀《まつだのりひで》が裏切って出ていく。厭戦《えんせん》気分（戦いがイヤになること）が高まっている。

ここで官兵衛は、城内の和睦派・太田氏房《うじふさ》（氏政の三男）に矢文を放った。氏政と氏直に開城をするように依頼した。

併せて良酒2樽と漬けハモ（ハモの粕漬け）10尾を送った（ホウボウの粕漬けという説もある）。

いよいよ官兵衛は小田原城に乗り込むことにした。

●刀も持たず和睦の交渉に出かけた

官兵衛は刀を持たず、肩衣《かたぎぬ》、袴《はかま》という正装で氏政と氏直をたずねた。

「小田原城は多くの秀吉軍に囲まれており、もはや勝ち目はない。むだに兵を失うよりは降参された方がよい」と言った。しかし、氏政は徹底抗戦を主張する。

一方、息子の氏直は「和睦を受け入れる」という。みずからの命と引き換えに父・氏政の助命を嘆願した。これを聞いた秀吉は和睦を受け入れる。

しかし、秀吉は氏直の命を助け、父・氏政の死を命じた。やはり和睦派を助けるのがスジだ。北条方から仲介の礼として官兵衛に刀が一振り贈られた。これが「日光一文字」だ。

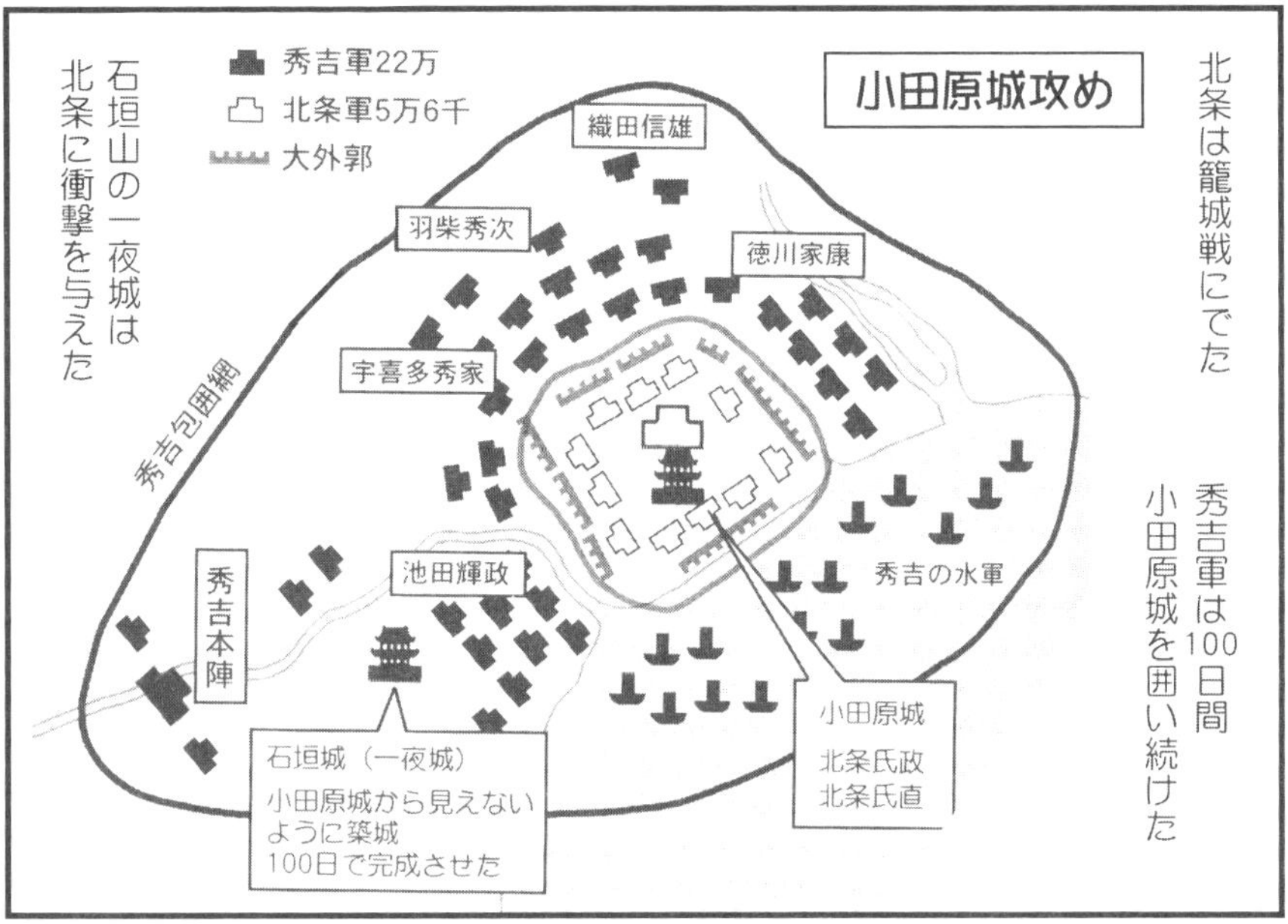
小田原城攻め
北条は籠城戦にでた
秀吉軍は100日間小田原城を囲い続けた
石垣山の一夜城は北条に衝撃を与えた
秀吉軍22万
北条軍5万6千
大外郭
織田信雄
羽柴秀次
徳川家康
宇喜多秀家
秀吉包囲網
池田輝政
秀吉本陣
秀吉の水軍
石垣城（一夜城）
小田原城から見えないように築城
100日で完成させた
小田原城
北条氏政
北条氏直

家臣の松田憲秀が裏切って出て来た
内部崩壊が始まったな

官兵衛は刀を持たず北条氏政、氏直への停戦交渉に向かった
徹底抗戦だ
北条氏政
私の命と引き換えに和睦します
氏直
秀吉は氏政の死を命じ氏直を助けた

70

朝鮮出兵で初めは長政が指揮をする

官兵衛は体調がすぐれず、帷幕《いばく》にいた

●名護屋《なごや》城を4カ月で造った

小田原征伐を終えた頃、秀吉は朝鮮との交渉を始めた。かねてから明征服を夢見ており、その布石といえる。しかし交渉は決裂、秀吉は朝鮮出兵を決意する。天正19年（1591）、秀吉は朝鮮侵攻の拠点として肥前《ひぜん》（佐賀）に名護屋《なごや》城を作ることにした。官兵衛や加藤清正、小西行長など九州の大名に命じる。

官兵衛と長政は縄張り（設計）を担当した。この城はわずか4カ月で完成したというが、どうしてこれほどのスピードでできたのか。

実は秀吉は九州制圧の頃、すでに官兵衛に「明征服」の準備をさせていた。そのために官兵衛に「豊前中津12万石」を与えたのだ。実際には「わずか4カ月」ではなく、かなり前から「城造り」は進んでいたといえる。

●3番隊は黒田長政が指揮した

文禄元年（1592）、朝鮮出兵が開始する。軍は9隊に分かれた。黒田隊は3番隊で、隊長は長政だ。

さらに渡海組と在陣組に分かれる。渡海組は若い武将が多く、1番から3番までが先発隊だ。黒田隊には母里太兵衛、栗山善助、黒田三左衛門、井上九郎右衛門、後藤又兵衛など、猛者が揃っている。官兵衛は帷幕にあって指揮をとった。

●黒田隊は4日遅れで上陸する

1番隊の小西行長と二番隊の加藤清正は早々と朝鮮半島へ上陸した。2つの隊は破竹の勢いで進撃する。日本軍は鉄砲を多用し、朝鮮軍の多くは弓矢を主としていた。

黒田隊は海が荒れたため、4日遅れで上陸する。先発隊は鴨緑江《ヤールーガン》まで進み、行長は平壌《ピョンヤン》の手前の大同江《テドンガン》で陣を張った。朝鮮軍の奇襲攻撃に不意をくらって、行長の2番隊は大苦戦。そこへ黒田隊の援軍がやってきた。やっとの思いで小西行長は救われた。

第8章　朝鮮出兵が命取り

天正19年（1591）
秀吉は朝鮮出兵を決意する
その先にあるのは
明征服だ
明
咸用道
平安道
平壌
黄海道
江原道
漢城
京畿道
忠清道
慶尚道
全羅道
官兵衛は
わずか4カ月で
名護屋城を
作った
実は九州征伐の
頃から準備を
していた
文禄の役
文禄元年（1592）
朝鮮出兵が
始まる
長政は3番隊だ
石田三成が
船奉行となり
4万の船を統率した

71 軍を退いて都を防衛しよう

前線に武器や食料を送れなくなる

●官兵衛は「都を守ろう」と主張

5月、後発の6番隊・小早川隆景といっしょに官兵衛も渡海した。

総司令官は宇喜多秀家だ。秀吉の養子だが、21歳とまだ若い。そこで官兵衛が参謀長になった。2人は漢《ハン》城《ソン》に入る。

漢城には先に朝鮮に渡った諸将が集まってきた。石田三成、増田長盛、大谷吉継、島津義久、小早川隆景、黒田長政などだ。

20日で首都漢城を落とした若い大名たちは「この勢いで明との国境・鴨緑江《ヤールーガン》まで攻めよう」と言った。しかし、官兵衛は「都から遠く離れたら、武器や食料を送れない。ここは軍を撤収して、都のそばに陣を敷こうではないか」と反対した。

61歳の長老格小早川隆景も官兵衛に同意する。実は、すでにこのとき小早川隆景は都から遠い全羅道《チョルラド》で苦戦していたのだ。

●主義と主張がねじれた

撤退を提案した官兵衛に反対したのは小西行長だ。

もともと行長は国際派で和平派、官兵衛は主戦派だ。軍議では「主戦派の官兵衛が防御を主張」し、「和平派の小西が攻撃を主張」するという、逆の主張になった。

官兵衛は行長や三成との仲がこじれてしまう。行長や三成は秀吉の側近だ。

秀吉の思いは「明に攻め込むこと」で、一度も明に勝つことなく、軍を退いたのでは申し訳が立たないと彼らは考えていた。

●日本水軍が敗北し、いよいよ危機

この軍議の直前、朝鮮水軍の李舜臣《イスンシン》は日本海軍・脇《わき》坂安治《さかやすはる》を破った。これによって日本軍は制海権を失う。食料や武器を日本から送り込めなくなった。兵站《へいたん》ラインを失うことで、兵員も送れない。

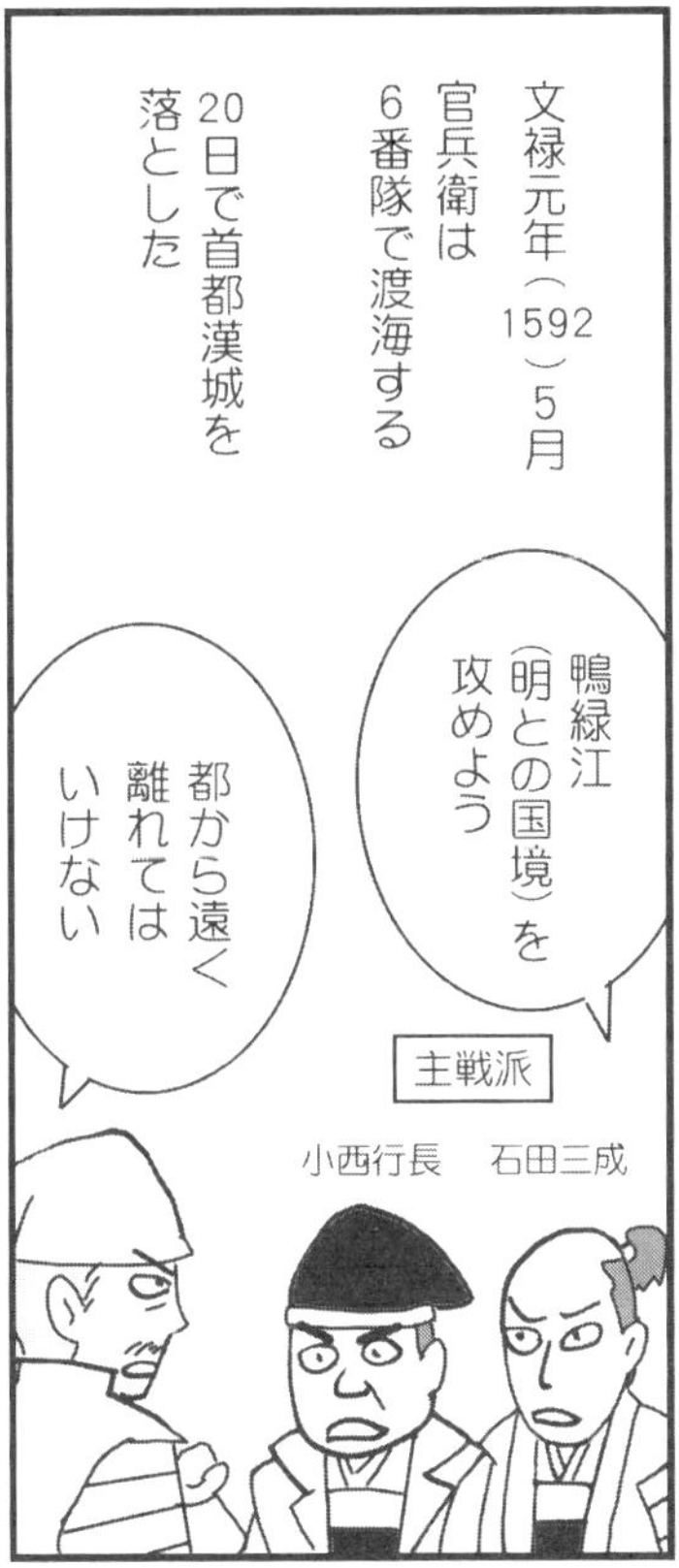
文禄元年（1592）5月
官兵衛は
6番隊で渡海する
20日で首都漢城を
落とした
鴨緑江（明との国境）を攻めよう
都から遠く離れてはいけない
主戦派
小西行長　石田三成

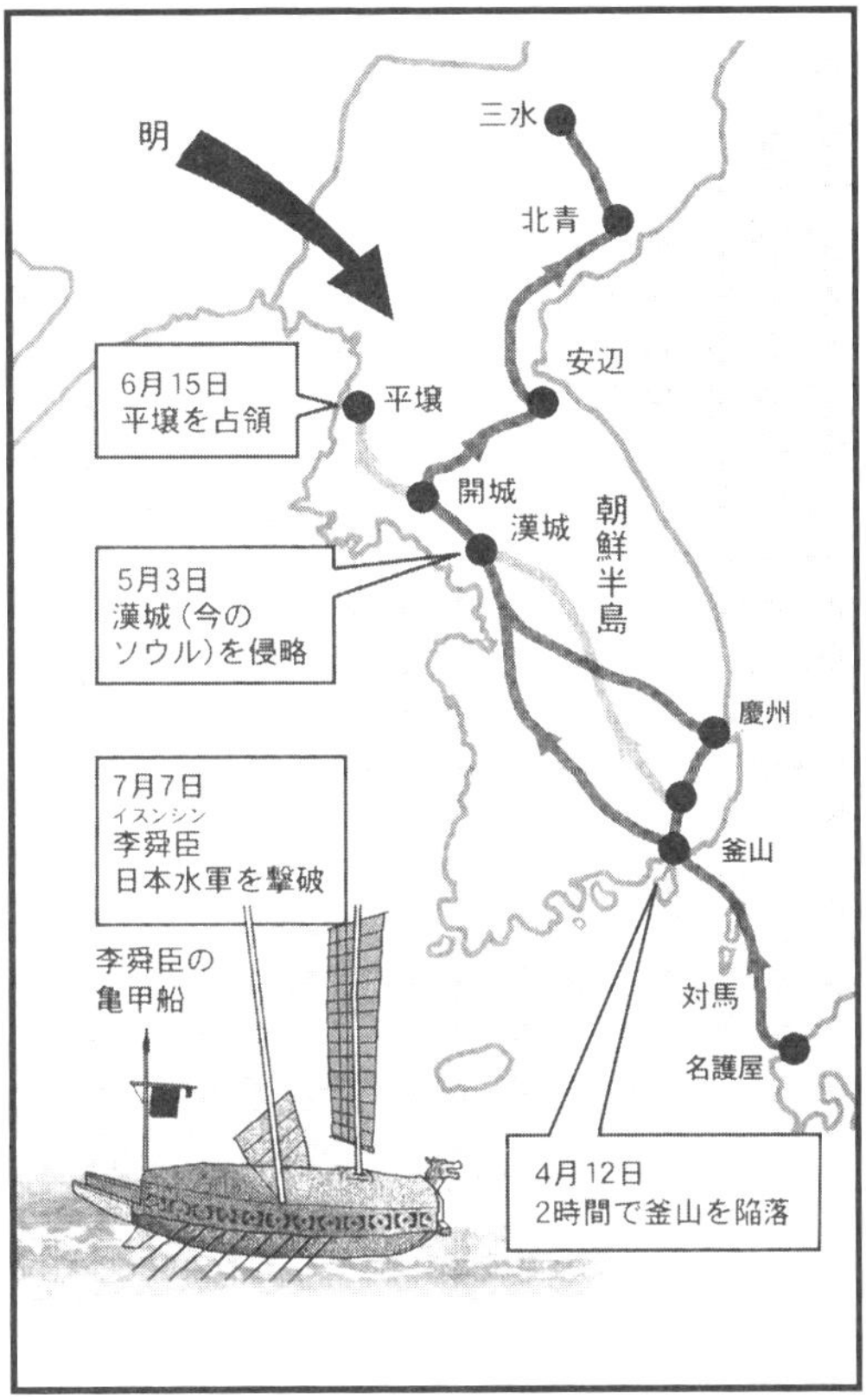
明
三水
北青
安辺
平壌
開城
漢城
朝鮮半島
慶州
釜山
対馬
名護屋
6月15日
平壌を占領
5月3日
漢城（今のソウル）を侵略
7月7日
李舜臣《イスンシン》
日本水軍を撃破
李舜臣の
亀甲船
4月12日
2時間で釜山を陥落

朝鮮水軍の李舜臣《イスンシン》が
日本海軍脇坂安治を破る
日本は制海権を失った

72 囲碁を打っているから会えない

日本軍にホームシックが蔓延する

●長政は朝鮮支配に乗り出した

黒田長政は31歳になった。もう他の大名たちと肩を並べる歳だ。平壌《ピョンヤン》占領まで小西行長といっしょに行動した。ここからは、単独行動だ。

長政は黄海道《ファンヘド》の道都を占領した。ここですぐに「刀狩り」と「差し出し検地」を行う。また「山に逃げたゲリラは斬る」というお触れを出す。

長政は「農民は今までどおり田畑を耕すこと」、「家は焼かない、人は殺さないし、略奪はしないから安心せよ」と民衆を安心させた。官倉を開き、米の分配も行った。

しかし、道内でも延安城《ヨンアンソン》だけは落ちなかった。長政は兵員を増強して城を落とそうとする。しかし、城兵は巨石や丸太を落として抵抗する。

結局、長政は延安城が落とせなかったため、黄海道の支配そのものを諦め撤退した。明との戦いに備えるためでもある。漢城《ハンソン》や平壌方面に軍を引き上げた。

●碁を打っているから会いたくない

漢城防衛のため、多くの日本兵は戻っていた。碧蹄《ベクチェグ》館《ワン》の戦いで、日本軍は明の大軍を撃破する。しかし、これが精一杯だ。

武器も食料も底をついた。再び官兵衛が渡海したときには厭戦《えんせん》気分が蔓延《まんえん》し撤退願望ばかりだった。

こうなるとあとは官兵衛の知謀が頼りだ。三成は官兵衛に面会に行く。すると「今、碁を打っている最中だから、会いたくない」と断られた。

官兵衛は仕事を放って、碁にかまけるほど酔狂な人ではない。三成の相手をしたくなかったのだ。

●官兵衛にまかせたいが…

秀吉は官兵衛の態度を叱責する。しかし、ここで官兵衛の助けなしには進めない。交渉を有利にするために、少しでも戦果を上げたい。が、もはやその余力はなかった。

長政は黄海道の道都を占領
刀狩りと差し出し検地を行った
家は焼かない
人は殺さない
略奪はしない
から安心しろ
延安城がなかなか落ちないので漢城に撤退した
日本兵には厭戦気分（戦いに飽きること）が漂っていた
官兵衛の意見を聞きたい
今碁を打っているからダメだ
官兵衛は三成を相手にしなかった

73 官兵衛は如水として隠居する

慶長の役ではほとんど活躍しない

●官兵衛は「如水《じょすい》」となる

官兵衛は秀吉の許可なく帰国する。実はかなり体調を崩していた。

官兵衛はこの戦には「統率力が不足している」と見ていた。長老は小早川隆景だが、彼も大名の1人という程度で、リーダーではない。「家康クラスに来てほしかった」と思った。

官兵衛は剃髪《ていはつ》して、名をあらため「如水円清《じょすいえんせい》」として、隠居することにした。

秀吉は長政の武功に免じて、官兵衛を許すことにする。そして、もう一度、名護屋城に来いと言った。

官兵衛は十徳《じっとく》（衣《ころも》のような着物）を着て、参陣した。

●黒田隊はほとんど活躍せず

日本は明との和平交渉に失敗して再び交戦状態になった。

慶長2年（1597）、黒田長政は兵1万を率いて渡海する。明もそれに対抗し、8000の精鋭部隊で迎える。

黒田隊は黒田図書助や栗山善助、後藤又兵衛、黒田三左衛門などの面々だ。慶尚道《キョンサンド》、全羅道《チョンラド》、忠清道《チュンチョンド》を転戦する。しかし、明軍は強く、あえなく撤退してしまう。

黒田隊はさしたる活躍はなかった。秀吉は「臆病者」と悪口をいう。しかし、もはや日本軍に明軍と戦う力はなかった。

●後藤又兵衛が母里太兵衛を救う

朝鮮の役で、母里太兵衛が虎に襲われたことがあった。

そのとき、そばにいた後藤又兵衛に助けを求め「なんでもやるから、助けてくれ」と言ったという。

又兵衛は母里を助け、のちに黒田家を出るとき、母里から槍の「日本号」（黒田節の由来になった）をもらったという。

官兵衛は無断で
朝鮮から帰国
秀吉の怒りをかって
出家して如水となる
このたびの
戦いは
統率力が
不足している

慶長の役
慶長2年（1597）
明との
和平交渉に失敗して
再び朝鮮に出兵
することになる

母里太兵衛が
虎に教われる
後藤又兵衛が助けた

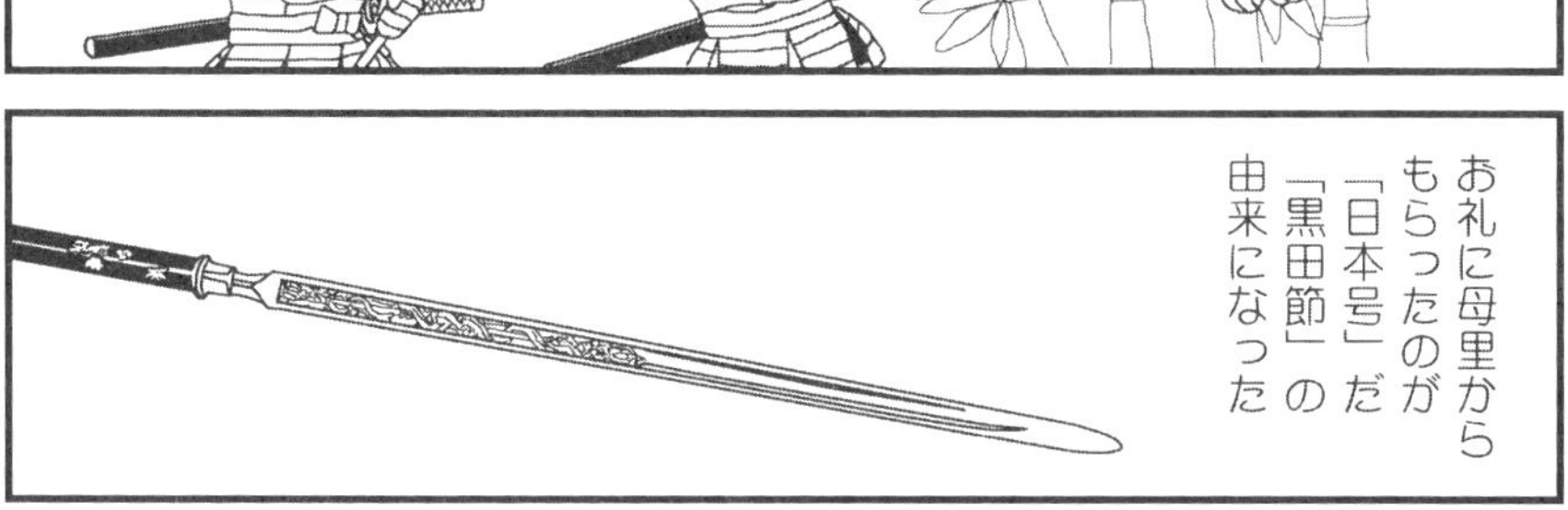
お礼に母里から
もらったのが
「日本号」だ
「黒田節」の
由来になった

74 秀吉が死ぬ。朝鮮から続々帰還する

長政は石田三成を襲撃する計画を立てた――

●秀吉が死んでしまった

慶長3年（1598）3月の醍醐《だいご》の花見以来、秀吉の病状が悪化する。秀吉は五大老と五奉行に誓紙《せいし》（誓いの言葉）を書かせる。大名の間で口論、盟約、婚姻を禁じるものだ。

五大老とは、徳川家康、前田利家、毛利輝元、上杉景勝、宇喜多秀家だ。五奉行は石田三成、浅野長政、前田玄以、長束正家《なつかまさいえ》、増田長盛《ましたながもり》だ。

死ぬ数日前、秀吉の枕元に信長が立ったという。信長は「早くこっちに来い」と言った。目が覚めると、秀吉の体は2メートルくらい動いていた。

秀吉は伏見城で、なにわの夢として、つゆと消えたのだった。

●朝鮮の日本軍は次々撤退する

官兵衛は秀吉の命令で、朝鮮の砦を視察して帰国し、その様子を秀吉に報告する。ところが、秀吉の死で事態は急変した。

五大老は連署して、朝鮮の日本軍を撤退させることにした。日本軍は釜山に集結し、日本に引きあげた。

●三成を襲撃することになるが…

結局朝鮮の役ではなにも成果がなかった。論功行賞もない。武将たちは強引に侵攻を進めた石田三成に不満を持っていた。とくに黒田長政は三成をひどく嫌っていた。

一説によると、長政が「三成を襲撃する」計画を立てたという。官兵衛の三成嫌いが長政に強く影響していたのではないか。

これらの諸々が、関ヶ原の戦いに発展する。三成に反感を持っている武将が続々集まる。三成は不穏な動きを事前に察知して、宇喜多秀家邸に逃れ、徳川家康に助けを求めた。さらに奉行を辞し、佐和山に帰城した。

慶長3年（1598）8月18日
秀吉が死んだ
露と落ち
露と消えにし
わが身かな
難波のことも
夢のまた夢
朝鮮に渡った
日本軍がどんどん
引きあげてきた
朝鮮の役は何も
成果がなかった
論功行賞もない
武将たちは石田三成に
不満を持っていた
武断派の加藤清正
福島正則らが
三成襲撃を企てる
いち早く察知した三成は
家康に助けを求めた
騒ぎの責任をとって
三成は三和山に蟄居《ちっきょ》になる

75 長政は強引に離婚させられ、家康の娘と再婚する

官兵衛は天下の行く末をあれこれ考える

●長政は強引に再婚させられる

秀吉は晩年、「大名同士の婚姻関係」を禁じた。しかしそれはまったく守られず、すぐに家康は、伊達政宗の娘いろは姫を自分の六男忠輝《ただてる》に嫁がせた。つづいて自分の養女を、福島正則、蜂須賀家政、加藤清正の息子に嫁がせることを決めた。

黒田長政は蜂須賀小六の娘と結婚していたにもかかわらず、これを別れさせ自分の養女を妻合《めあわ》せる。とにかく家康は天下取りの布石を強引に置き始めたのだ。ほかの大老から非難の言葉が出た。

そんななか、前田利家が死んでしまう。槍の又三といわれた人で、秀吉の良き相談相手だった。実は利家が生きて関ヶ原の戦いの西軍に付いたら、勝敗はわからなかったとも言われていた。

●官兵衛は本心を出さないようにする

官兵衛は「家康の謀略」と「三成の身固め」をながめて、どちらの勢力にも加担しないフリをした。長政の屋敷に来ると「困ったことがあったら母里太兵衛や後藤又兵衛に相談しなさい」と言った。

官兵衛は連歌の会に出たり、病気のフリをして、韜《とう》晦《かい》（本心を出さないこと）している。じつは、これからの天下の成り行きを考えているのだ。

●秀吉の形見はゼロだった

秀吉の形見分けが三成によって始められた。多くの重臣に遺品が分けられる。長政も金子20枚をもらった。しかし、秀吉最大の功労者ともいえる官兵衛には何もなかった。官兵衛は「三成め！」と内心思った。しかし隠居の身の上で文句も言えない。あきらかに三成の嫌がらせなのだが……。

長政の三成襲撃のあと、三成も自重していた。しかし、おとなしく居城の佐和山城に蟄居《ちっきょ》しているわけではない。家康に一泡吹かせてやろうと考えていた。

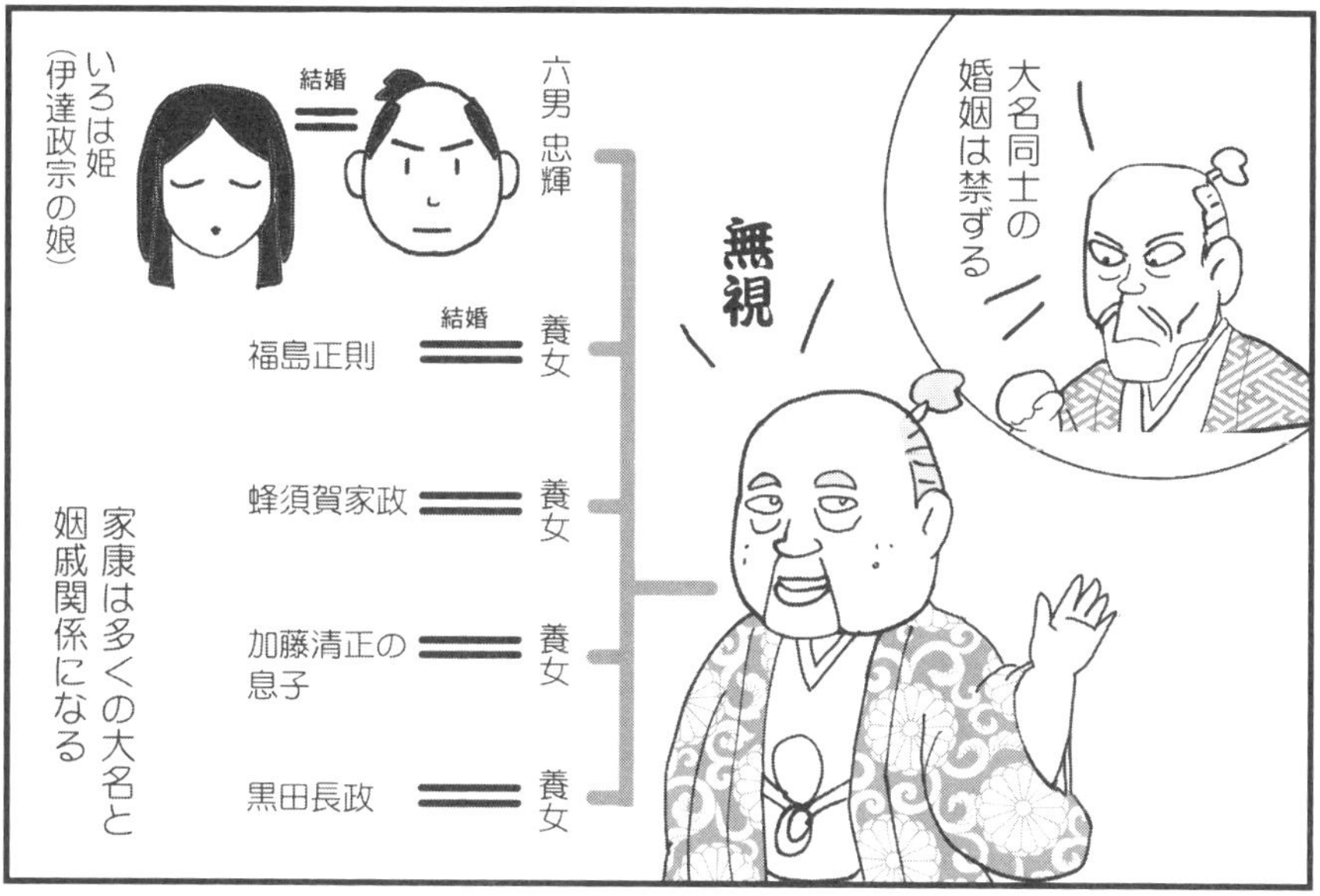
大名同士の婚姻は禁ずる
無視
六男 忠輝
結婚
いろは姫
（伊達政宗の娘）
養女
結婚
福島正則
養女
蜂須賀家政
養女
加藤清正の息子
養女
黒田長政
家康は多くの大名と姻戚関係になる

官兵衛は家康にも三成にも加担しなかった

三成によって秀吉の形見分けが始まった官兵衛には遺品がないあきらかに三成の嫌がらせだ
三成め
隠居の身だ文句も言えんか

76 上杉征伐のため武将たちは東に下る

官兵衛は病気療養を理由に九州に戻る

●上杉征伐をすることになる

上杉景勝が会津城を修復し、街道の整備、武器の調達、浪人を集めた。この中には、有名な「花の慶次」こと前田慶次郎《まえだけいじろう》がいた。

会津を逃げ出した藤田信吉は家康のところに駆け込み、そして会津の状況を報告した。家康はただちに上杉に「もし、謀反のこころがなくば、上京しろ」と言った。

ここで上杉の参謀・直江兼続《なおえかねつぐ》が手紙を送った。有名な「直江状」だ。この手紙で家康の指摘を「謀反のこころがあるのはそっちだろ」と言わんばかりに批判した。

家康は激怒したといわれているが、実際は違う。「激怒」したフリをしたのだ。そして「上杉征伐をする」と、豊臣方に許可をとり、軍資金までもらい出発する。「小山（栃木県）で評定《ひょうじょう》（会議）をするから」と、まわりの武将に檄（戦いの知らせ）を飛ばした。

●官兵衛は九州に帰る

官兵衛は本拠地の九州中津に戻ることにする。家康には「病気療養のため、国に帰る」許可をもらった。代わりに評定は長政が行くことにする。中津では大坂と連絡できるように船の用意をした。

官兵衛は心の中では「国が乱れれば、ワシの出番があるわい」と思っている。実は「九州の関ヶ原」と言われる戦いの準備を始めていた。

●長政は福島と仲直り

長政は福島正則《ふくしままさのり》とケンカばかりしていた。ここで2人とも家康の養女を嫁にもらったので、手打ちとすることにした。「味方同士なのだから、仲良くやろう」と、兜の前立てを交換した。

2人は同じ歳で40歳だ。横紙破り《よこがみやぶ》（乱暴）という性格の福島正則。官兵衛ゆずりの思索型の長政。2人とも、武将としてはとても強かった。

上杉景勝が
城を修復し
兵を集めている
謀反の
疑いあり
すぐ上洛せよ
直江状
よく調べもしないで
謀反謀反と
騒がないでください
上洛はできません
直江兼続
家康は
上杉征伐に向かう
豊臣秀頼は家康に
軍資金を出したのだ
病気療養に
国へ帰ります
国が乱れれば
わしの出番が
あるわい
長政と
福島正則は
同じ40歳
ケンカばかり
していた
味方同士
だから
仲良くしよう
カブトを交換した

77

家康は長政のおかげで小山評定を乗り切った

長政も調略はうまい。官兵衛譲りだ

●家康は長政に福島のことを頼んだ

小山《おやま》評定の前。長政の陣屋に家康が現れた。

「実は多くの武将が東西どちらにつくか迷っている」というのだ。

家康にすれば、いちばん心配なのは、秀吉恩顧《おんこ》（世話になった）の福島正則だ。

正則は「横紙破り」ゆえに彼が石田方に寝返りを打つと、みなが流れる。

そこで、家康は長政に「福島の手綱をひいて、味方にして欲しい」と頼んだ。

長政は三成嫌いなので、もとより寝返りをうつ気はない。家康は安心だ。

家康の命を受け、長政は正則の陣に出かけた。そして長政は正則に「評定で開口一番、家康の味方をする、と言って欲しい」と頼んだ。

正則はこれを承知する。ウソをつく男ではない。安心して家康に報告をした。

●評定で思い通りに運んだ

小山評定が始まった。

家康は「多くの人質が大坂にいる。三成に味方したければ、自由にしろ」と言った。

そのあと、開口一番、福島正則が「余人《よじん》にあらず（ほかの人はどうでもいい）。ワシは内府どの（家康）にお味方する」と言い放った。

その迫力につられ、多くの武将が「お味方する」と叫んだ。家康は長政に目配せして「してやったり」と思った。

●石田三成が挙兵する

家康のもとに三成の挙兵の報せがくる。このとき、家康には2つの心配があった。信州上田に真田信繁《さなだのぶしげ》（幸村）がいる。それから、会津の上杉景勝だ。

上杉に背後を襲われないよう、家康は江戸城に急遽《きゅうきょ》向かう。信州には、秀忠を向かわせることにした。

家康が上杉討伐に
向かったすきに
石田三成が蜂起した
多くの武将が
東西どちらに付くか
迷っていた
東
徳川家康
西
石田三成
淀
豊臣秀頼
う〜ん
福島正則を
味方にしたい
長政は福島正則を
説得した
小山評定《おやまひょうじょう》
石田に味方
したければ
自由にしていい
福島が開口一番
もの申した
黒田長政
福島正則
余人にあらず
ワシは内符
(家康)殿に
お味方する
これで流れが
家康に来た

Column

猛将列伝 ❽

明智《あけち》 左馬助《さまのすけ》

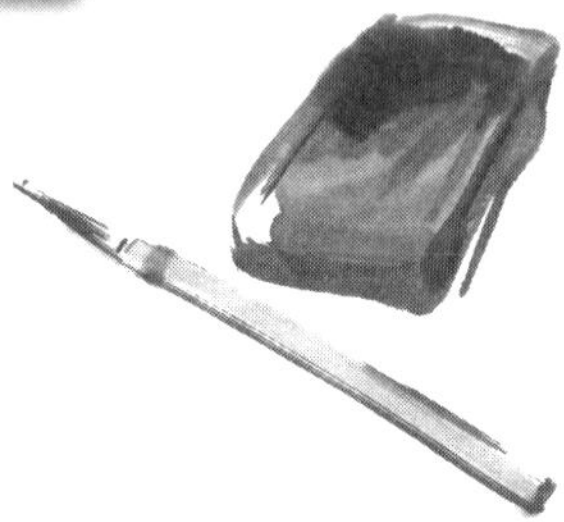

湖水渡りの伝説で有名

明智秀満《ひでみつ》、または光春《みつはる》という名も通っている。なにかと伝説が多い人だ。

この人が「南光坊天海《なんこうぼうてんかい》になった」とか「坂本龍馬の先祖だ」とか、いろいろ伝説があるが、逸話である。

明智光秀というと、本能寺の変が有名だが、これも謎が多い。なぜ光秀は信長を殺したのか。黒幕はだれなのか。そもそも光秀が殺したのか？

左馬助は初め、三宅と名乗り、斎藤道三に従った。しかし、道三とその息子・義龍《よしたつ》との戦いで道三が破れたため、左馬助は浪人になった。

その後、左馬助は明智光秀の娘をもらい、明智姓を名乗り、明智秀満となり、坂本城に入った。

本能寺の変のあと、大返しで秀吉軍が京に戻り、光秀は山崎の合戦で敗北した。

そのとき左馬助は安土城におり、「光秀が死んだ」という知らせを受ける。「なんとか間に合えば」と坂本を目指して出陣し、大津までくると、秀吉軍の先鋒・堀秀政と出会う。

ここで戦うわけにいかない左馬助は、なんと馬に乗ったまま琵琶湖に入り、湖の上を馬で駆けぬけ、唐崎まで行ったという。左馬助の湖水渡りとして有名になる。

最後は坂本城で堀軍に囲まれ、城に火を放って自害したといわれている。

第9章

謀略、関ヶ原の戦い

――長政が闇で動き、官兵衛は九州で最後の戦いをする

78 関ヶ原の戦いが始まる

西軍の猛将明石全登《あかしてるずみ》

●明石全登という武将がいた

明石全登は宇喜多秀家に仕えていた武将だ。全登の父・景親《かげちか》は官兵衛のいとこで、長政とははとこ（またいとこ）の関係になる。

全登はキリシタンで「ジョバンニ」という洗礼名を持っていた。遠い親戚だが、官兵衛も長政もキリシタンなので、親近感がある。

この全登がめっぽう強い。西軍においては全登と石田三成の家臣・島左近が双璧だ。

東軍で強いのは福島正則と黒田長政だ。両軍の「飛車」と「角」。

関ヶ原の布陣は、島左近の正面は黒田長政、明石全登の正面は福島正則だ。強い武将は強い相手と戦いたい。

官兵衛は当然全登に通じている。官兵衛の人脈の広さがうかがえる。事前に全登と長政は何やら連絡をいれていたという。

●中国、九州の武将が大坂に集まる

三成のいる大坂には、大谷吉継や小早川秀秋、島津、立花、毛利、小西、鍋島など、中国や九州の諸大名が集まってきた。

大坂にいた栗山善助や母里太兵衛の報告によって、官兵衛も三成の動きを知ることができた。すでに官兵衛は家康と密約をむすんでいる。

官兵衛は「どう戦っても家康の勝利は間違いない。三成は大坂の家康ゆかりの建物を狙って襲うだろう。黒田家は守りをしっかりしろ」と言った。

●家康は大坂の様子を報告させた

大坂の様子は山岡道阿弥《やまおかどうあみ》と岡江雪《こうせつさい》という情報源によって家康の耳に入っている。

家康は「毛利輝元が出陣しない」、さらに「秀頼も出陣しない」ことを確認し、「勝った」と勝利を確信した。

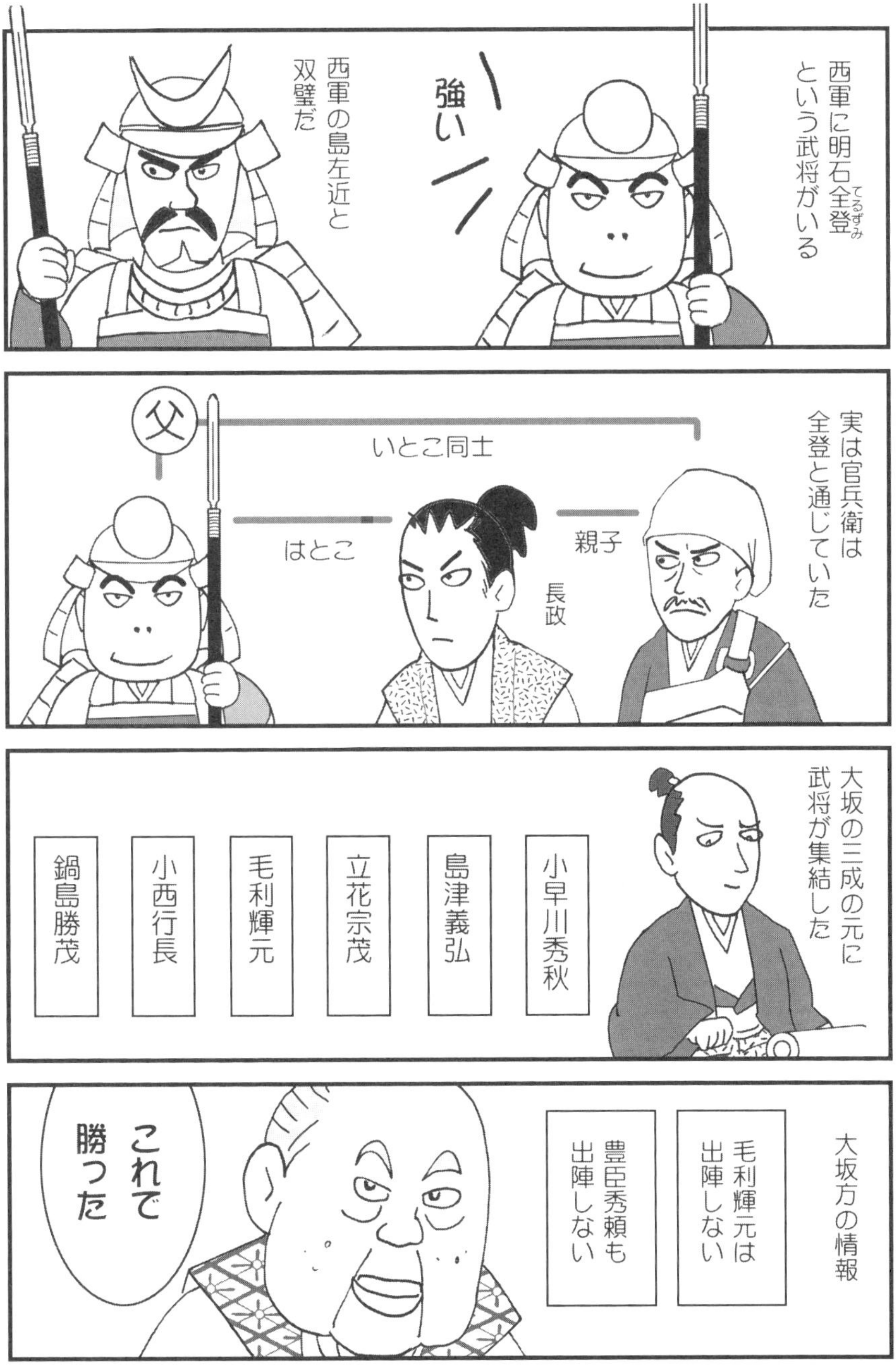
西軍に明石全登《てるずみ》という武将がいる
強い
西軍の島左近と双璧だ
実は官兵衛は全登と通じていた
父
いとこ同士
親子
長政
はとこ
大坂の三成の元に武将が集結した
小早川秀秋
島津義弘
立花宗茂
毛利輝元
小西行長
鍋島勝茂
大坂方の情報
毛利輝元は出陣しない
豊臣秀頼も出陣しない
これで勝った

79 九州7カ国をもらえるなら、家康をつぶすぞ

もうすこし時間がほしい

●石田方から密使が来た

豊後の高田城主・竹中重隆《たけなかしげたか》のもとに「三成が挙兵した」との連絡が入った。あわてて官兵衛に知らせると、落ちついてこう言った。「天下の趨勢《すうせい》は内府（家康）のものになるだろう。ワシはすでに内府と提携している。貴殿も内府に付くとよかろう」。

官兵衛はすぐに機先を制する。老臣を集め、挙兵して近隣の石田方の城を落とした。城の修復をしていたが、それをやめる。

そのとき、石田方から密使が来た。「石田方に付いてくれれば、恩賞は望み次第」という。官兵衛は「九州7カ国を頂けるなら、家康をつぶしてやろう。あとで問題が起こらぬよう、誓紙を書け」と言った。

官兵衛は本気なのかウソなのか、誓紙を書かせるため密使といっしょに大坂へ行った。本当の目的は「大坂の情勢をこの目で見たかった」のだ。

老臣たちには戦いの準備をさせており、官兵衛の大坂行きは時間かせぎの意味もあったのだ。

●加藤清正と吉川広家を味方に付ける

九州の諸大名はみな秀吉恩顧の武将だ。三成方に付いてしまった。しかし、加藤清正は「家康と三成のどちらに付くべきか……」と、はっきりしない。

官兵衛は清正を味方に引き入れる工作を続ける。毛利の吉川広家から手紙が来た。毛利が三成方に付いたのは安国寺恵瓊《あんこくじえけい》の謀略《ぼうりゃく》だという。しかし、「天下の情勢がどうなろうと、貴殿との仲はかわらない」という友情の手紙だった。

●長政はわざと目立って行動した

黒田長政は小山評定でもかげのイニシアチブをとった。これは官兵衛が「戦いにあとからノコノコいったのでは恩賞がもらえない。できるだけ早く行け」と命じたためだった。

九州の官兵衛に三成から密使が来た
石田方についてくれたら恩賞は望み次第
九州7カ国をいただけるなら家康をつぶしてやろう
もはや天下の趨勢は内府（家康）のもの
九州の大名の大半は西軍として出陣している地元は手薄だ九州を制圧するのは今だ
西軍についた吉川広家は動かず小早川秀秋は戦場で寝返る官兵衛親子の調略だ
吉川広家
軍事行動は取らない天下の情勢がどうなろうとも黒田家との仲は変わらない

80

九州の関ヶ原の戦いの準備が始まった

敵は大友吉統だ。大内は旧臣を集めた——

●官兵衛は戦いに備えて兵を募集した

黒田家の精鋭は関ヶ原の戦いで出払ってしまった。九州に残ったのは老臣たちばかりだ。もっと兵を集めなければいけない。

九州には九州征伐の頃からの武家浪人、家でブラブラしている者、隠居している者、職人などが多くいる。官兵衛は触れを出して兵を招集した。

集まった武士には銀300匁《もんめ》、足軽には永楽銭1貫《かん》文《もん》を前金で渡した。給料先払いだ。最終的に兵は3600人も集まった。

官兵衛は国東半島へ視察に出かける。富来《とみく》城、安岐《あき》城、佐伯《さえき》城、府内《ふない》城など、小さい城ばかりである。しかも家臣は大坂に出兵しており、ただただ城を守っているばかりだ。

●大友は旧臣を集める

官兵衛にとってこのような小さな城は、鎧袖一触《がいしゅういっしょく》（かんたんに落とせる）だ。問題は大友氏だ。かつて大友宗麟《そうりん》がこの地を支配していた。大友氏は大友吉統《よしむね》（義統）の時代、朝鮮の役で敵前逃亡をした罪で旧領没収となっていた。

家康と三成の対立に乗じて、大友吉統は毛利の斡旋《あっせん》を受け、旧領回復のため九州に乗り込んできた。三成から軍資金をもらい、小倉に乗り込む。そして一族郎党を集める。小倉の毛利吉成《よしなり》にも会った。そして各地に檄（戦いの知らせ）を飛ばす。

飛檄を受け取った旧臣たちが集まり、その数2000という。この兵で豊前中津にいる官兵衛をたたくつもりだ。海づたいに豊後の立石にやってきた。

●官兵衛のもとには老練黒田八虎がいる

立石の城は廃城になっていた。吉統はこの城を修復して居城とした。官兵衛は国東半島を席巻して南下するところだ。

官兵衛は戦いの準備を始めた兵を募る
給金は前金だ
わい　わい
兵が3千6百人も集まった

京都の大友吉統が決起した大友家の旧臣が集まってくる
領地を取り戻すぞ
大友吉統《おおともよしむね》
父親の大友宗麟は九州大半を支配していた

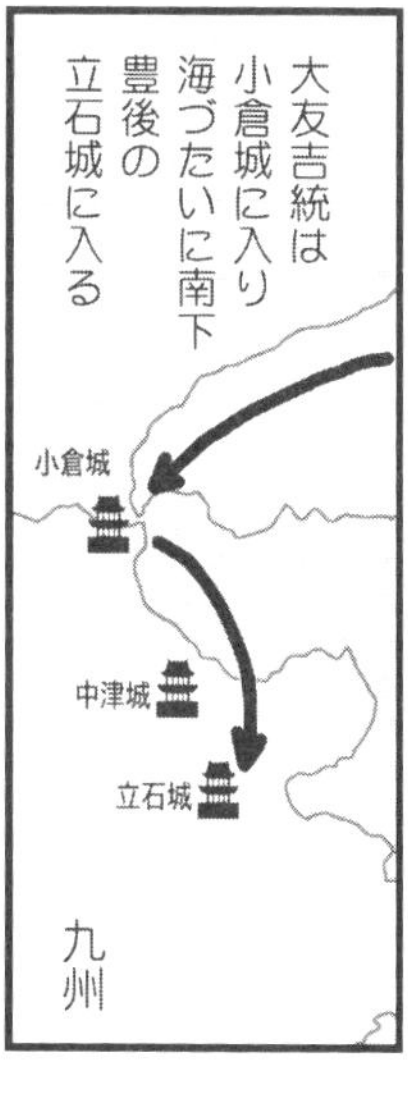
大友吉統は小倉城に入り海づたいに南下豊後の立石城に入る
小倉城
中津城
立石城
九州

81

竹中半兵衛の思い出の高田城といざこざ

ともに戦おうと言ったのに…

●高田城は竹中半兵衛を思い出させる

黒田軍は8陣に分かれた。官兵衛は高田城下に入る。高田城は竹中半兵衛の子が秀吉から賜《たまわ》った城で城主の重隆（重利）は半兵衛のいとこだ。

官兵衛は日頃から重隆に「天下に争乱があれば、ともに戦おう」と言っていた。

官兵衛は高田城に「援軍を出すように」と使いを出す。しかし、高田城の家臣たちは大友吉統の大軍を見て、去就に迷い、援軍を出すことをしぶった。

それを見た官兵衛は「敵だか味方だかわからぬなら、いっそつぶしてやる」と、黒田軍に高田城の攻撃を命じたのだ。

黒田軍が押し寄せてくるのをを見て、高田城の家臣たちは慌てた。老臣・不破蔵人《ふわくらうど》が「主人が病気なので、不審をかった。申し訳ない。竹中の息子の重義《しげよし》を名代として従軍させる」と言った。

こうして竹中軍200が加わった。

●杵築《きつき》城の救援に向かう

竹中軍が加わった黒田軍は、国東半島を横切り赤根峠で陣を敷いた。直進して富来《とみく》城を攻撃するつもりだ。

ところが、杵築城から救援を求められる。「大友軍に攻められ、風前の灯だ」。杵築城は官兵衛も狙っていた小さな城だ。

そこで黒田軍を裂いて、杵築城の援軍に急行する。大友軍によって二の丸、三の丸まで落とされていた。黒田軍が来たため、大友軍は攻撃をやめて退却する。官兵衛の家臣・井上九郎右衛門が杵築城に入り、協議の結果、城兵は黒田軍に加わることになった。

●石垣原《いしがきばる》で最終決戦だ

杵築城の城兵が黒田軍の先鋒となり、大友吉統の籠もる立石城に向かう。立石城の周辺は「石垣原」と呼ばれており、火山岩が散乱している原野だ。ここで大友軍は「黒田との大決戦」を覚悟した。

高田城
竹中半兵衛のいとこ重隆の居城だ
高田城の竹中勢は大友の大軍を見ておじけづく

敵か味方かわからぬならいっそつぶしてやる
半兵衛の息子重義が官兵衛と従軍することになった

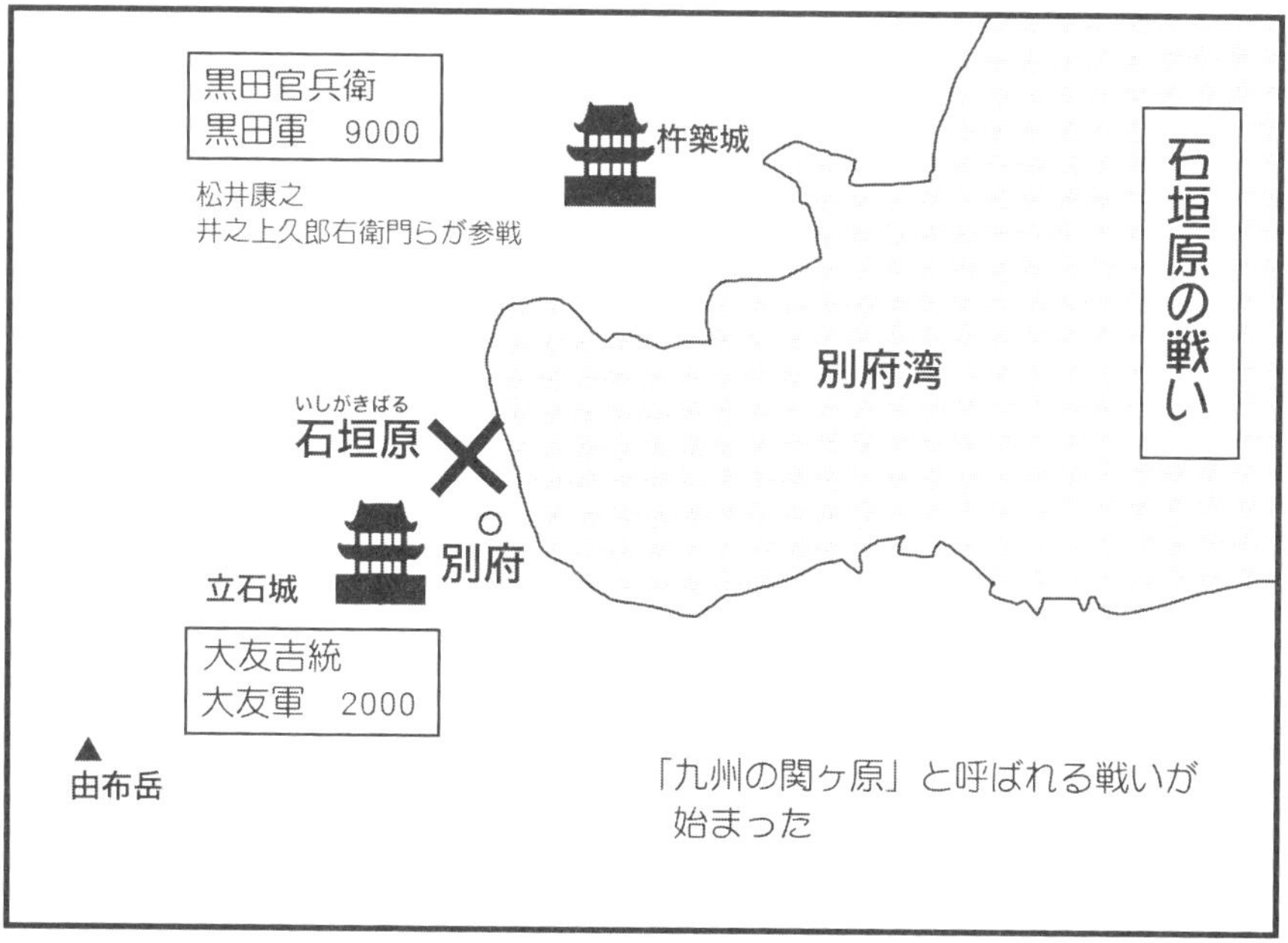
石垣原の戦い
黒田官兵衛
黒田軍　9000
松井康之
井之上久郎右衛門らが参戦
杵築城
別府湾
石垣原《いしがきばる》
別府
立石城
大友吉統
大友軍　2000
由布岳
「九州の関ヶ原」と呼ばれる戦いが始まった

82 石垣原の決戦が勝敗の分かれ目

九州全土をほぼ制圧してしまった――

●大友吉統に勝って山を越えた

黒田軍は立石城攻略のため陣を敷いた。黒田軍と大友軍の間には、3、4丁もの巨大な石垣がある。大友軍の第一陣は吉弘《よしひろ》嘉兵衛《かへえ》だ。対する黒田軍は第一陣・時枝平大夫《ときえだへいだゆう》、母里太兵衛《もりたへえ》が向かった。

大友軍は黒田軍の猛攻に押され撤退する。追撃すると大友軍の伏兵がいた。「釣り野伏せ」だ。撤退はワナだったのだ。

黒田の第一陣は激しい反撃にあい、壊滅する寸前だ。急いで第二陣の久野治左衛門《くのじざえもん》が救援に向かった。ようやく第一陣がピンチを脱したと思いきや、すぐに大友軍の第二陣が突っ込んできた。

両軍の一陣、二陣とも入り乱れての大混戦になる。

●石垣を制して敵陣になだれ込む

戦局の焦点は「石垣」の争奪戦だ。黒田軍がついに石垣を乗り越えた。石垣の向こう側は立石城、いわば敵陣だ。大友軍は全軍撤退。黒田軍は圧倒的な勝利を得たのだ。

勢いで立石城を攻め落とそうとしたが、風雨が激しく見合わせる。降伏開城をすすめることにした。

●九州全土を制圧する

この日、関ヶ原の戦いはたった1日で家康の勝利に終わった。官兵衛はまだその事実を知らない。

国東《くにさき》半島の唯一の西軍・安岐《あき》城がまだ残っている。黒田軍が城を囲む。すると、すぐに降参した。

さらに肥後《ひご》の加藤清正《かとうきよまさ》と連携して、熊本の小西行長《こにしゆきなが》の領に入り、八代《やつしろ》、宇土《うと》を席巻した。

次に官兵衛は久留米城を攻める。城主の毛利秀包《ひでかね》は関ヶ原の戦いに西軍として出陣していたが、城代の桂《かつら》広繁《ひろしげ》は「官兵衛に降参するように」と言いつかっていた。そこで簡単に投降してきたのだ。ついに九州全土、島津を残してすべて制圧した。

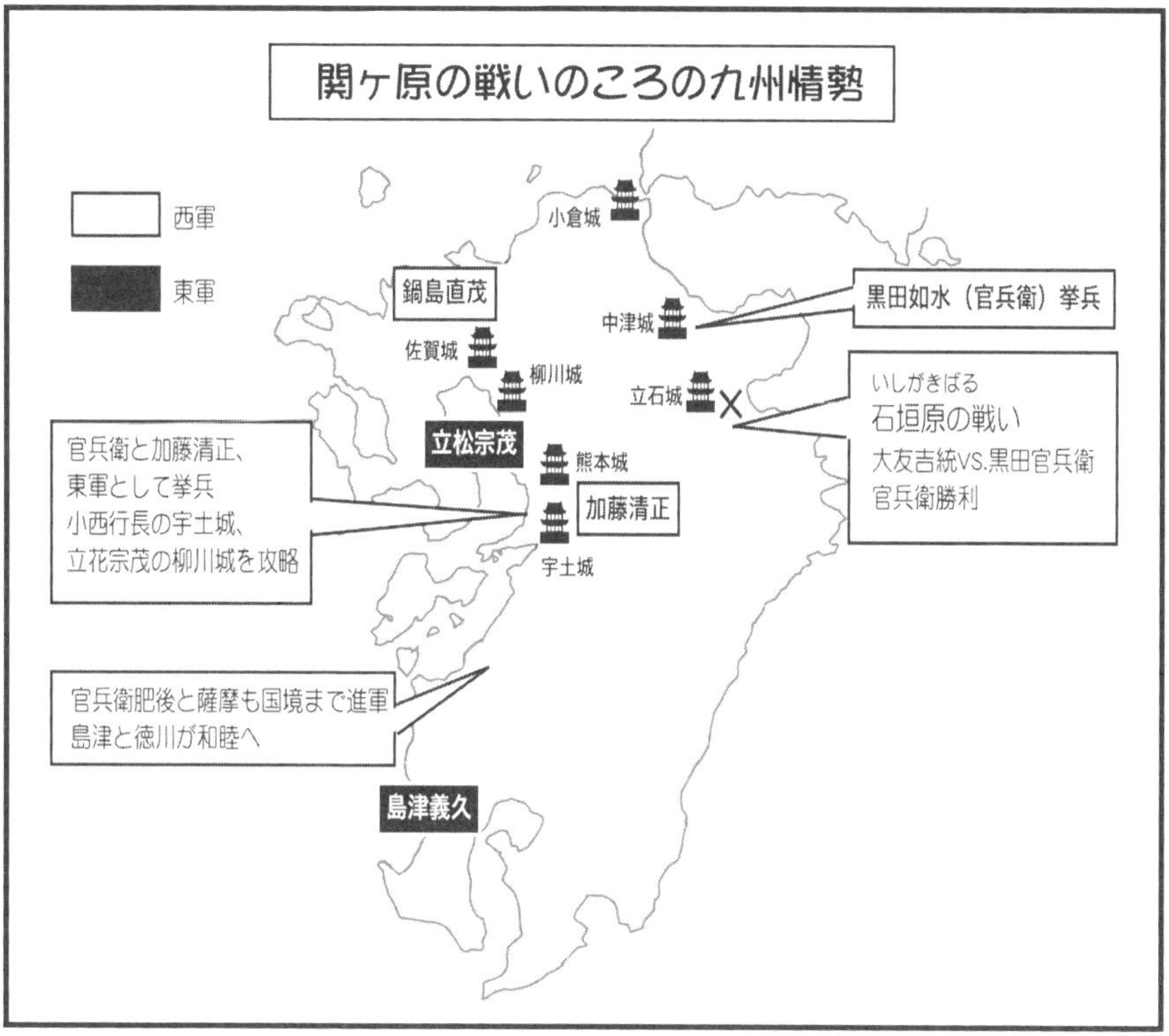
関ヶ原の戦いのころの九州情勢
西軍
東軍
小倉城
鍋島直茂
黒田如水（官兵衛）挙兵
中津城
佐賀城
柳川城
立石城
いしがきばる
石垣原の戦い
大友吉統VS.黒田官兵衛
官兵衛勝利
立松宗茂
熊本城
官兵衛と加藤清正、
東軍として挙兵
小西行長の宇土城、
立花宗茂の柳川城を攻略
加藤清正
宇土城
官兵衛肥後と薩摩も国境まで進軍
島津と徳川が和睦へ
島津義久

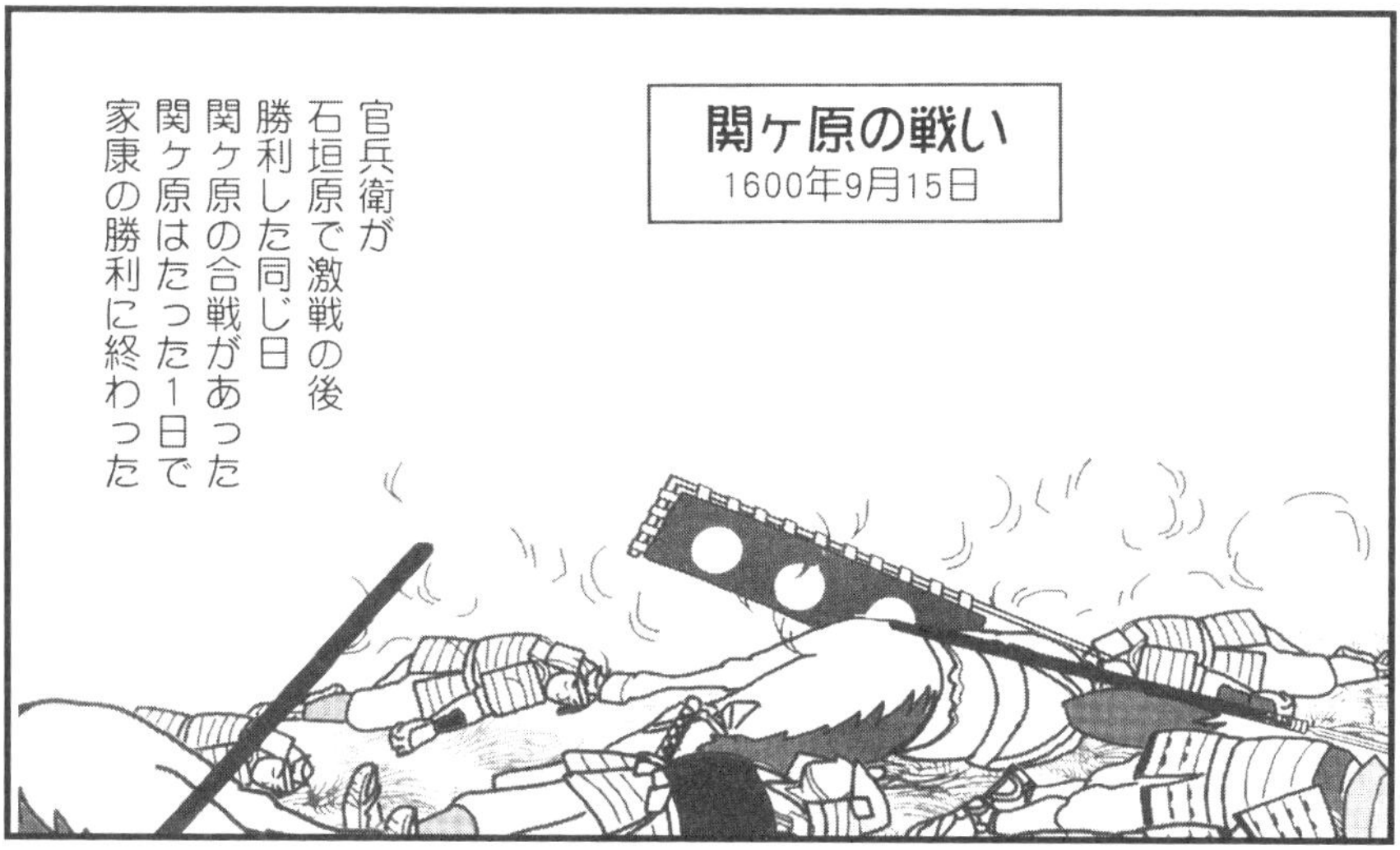
関ヶ原の戦い
1600年9月15日
官兵衛が
石垣原で激戦の後
勝利した同じ日
関ヶ原の合戦があった
関ヶ原はたった1日で
家康の勝利に終わった

83

関ヶ原の戦いがたった1日で終わるとは

九州を制圧したら、家康を捻《ひね》り潰してやる——

●家康から停戦命令が出る

官兵衛は加藤清正、鍋島直茂《なべしまなおしげ》らとともに、残る島津《しまづ》義弘《よしひろ》をたたくため出陣した。水俣《みなまた》までできたとき、家康からの停戦命令がきた。これによって島津と家康の間に和睦《わぼく》が成立したという。

すべてが終わった。

実は官兵衛は、「九州全土を征服したら東に上り、家康を叩き潰してやろう」と秘かな夢を抱いていたのだ。

●黒田隊と島左近《しまさこん》が激闘する

本戦の関ヶ原の戦いでは、息子・長政が活躍する。長政は猛将・島左近と戦った。左近は馬防柵を作り、長政を引きつける作戦に出た。

敵を柵まで引き寄せ、一気に槍《やり》の嵐を見舞い、黒田隊を粉々にする作戦だ。

左近は一見無防備であるかのようなフリをする。黒田隊をできるだけ柵に近づけたい。

長政は黒田隊を2手に分け、別働隊を静かに別方向から左近に近づけた。

左近は別働隊の動きに気がつかない。

一瞬のすきを見て別働隊が島左近をめがけ、激しく鉄砲を撃ちかけた。猛将・島左近はあっけなく戦場に散ってしまった。

●長政は明石全登《あかしてるずみ》を救った

もう1人の猛将・明石全登が長政の前に現れたまさにそのとき、戦局は家康の勝利となった。

じつは全登と長政は内々に打ち合わせをしていた。「勝った方が、負けた方を救う」というものだ。

2人は遠い親戚同士で、同じキリシタンでもあり、討ち合うことはしたくなかった。

これも官兵衛が仕掛けた「謀略」だ。長政は全登を逃がし、全登は官兵衛のもとに走ったという。

関ヶ原では黒田長政と島左近が激突した
左近は敗れる
明石全登は長政が逃がした
全登は官兵衛のもとに走ったという
家康から停戦命令が出た
島津と和睦した
もう少し戦いたかった
九州全土を征服したら東に上って家康を叩きつぶしてやったものを

どうして家康を刺し殺さなかったのか
官兵衛の天下取りの野望は潰《つい》えた

●天下取りの野望が終わった

よく知られた話がある。

長政が官兵衛に「家康は手を取り、感謝の言葉を言ってくれた」と言う。

すると官兵衛は「手を取ったのは、右手か左手か」と聞く。

長政が右手だ、と答えると、官兵衛は「ではなぜ、空いた左手で家康を刺し殺さなかったのか」と聞いたという。

また、「関ヶ原がもっと長引けば、おまえ（長政）を捨て、ひと博打《ばくち》、打とうと思っていた」とも言ったとか。

このやりとりは事実ではないだろう。官兵衛に天下取りの野望がどこまであっただろうか。

官兵衛のよみどおり、関ヶ原の戦いは家康が勝った。天下取りの可能性はなくなってしまったのだ。

●長政には筑前52万石が与えられた

官兵衛は井伊直政に恩賞を頼んでいた。九州は黒田、鍋島、加藤、島津で分け合うことになる。

息子・長政には豊前12万石から、筑前1カ国52万石が与えられた。官兵衛は働きの割には恩賞が少なかったが、その分長政が出世したわけだ。

慶長6年（1601）、筑前福崎《ちくぜんふくざき》を福岡と改める。福岡という名は思い出の地、備前福岡から名付けた。ここに新たな城を作ることにする。福岡城だ。築城は官兵衛の得意とするところだ。

●家康が征夷大将軍《せいいたいしょうぐん》になる

慶長8年（1603）、家康が征夷大将軍となり、江戸幕府が開かれた。長政も甲斐守《かいのかみ》から筑前守《ちくぜんのかみ》となる。

家康の参内拝賀《さんだいはいが》（お礼を述べる）のため、上洛する。

この頃、京都伏見に行っていた官兵衛は体調がすぐれない。

家康の天下になった
家康が手を取って感謝のことばを言ってくれた
手を取ったのは左か右か
右手だ
なぜあいた左手で家康を刺し殺さなかった
関ヶ原がもっと長引けば長政を捨て駒にして天下を取りにいくつもりだった
官兵衛に天下取りの野望が本当にあったかどうか本心はわからない
慶長8年（1603）江戸幕府ができる長政は筑前52万石を与えられた

85

ワシは「辰の刻に死ぬ」と予告した

国を治め、民を安んじろ

●葬式は簡単にしろ

慶長8年（1603）、官兵衛は上洛して高台院《こうだいいん》を見舞う。高台院とは北政所、秀吉の妻・ねねだ。

官兵衛の息子の長政、福島正則、加藤清正、石田三成、上杉景勝、直江兼続など、みな同じ歳だ。子供のいないねねは、みな我が子のようにかわいがった。

官兵衛は神屋宗湛《かみやそうたん》の茶会に出る。有馬の温泉へ湯治に向かい、そのまま越年した。

慶長9年（1604）3月、伏見の実家に戻った官兵衛は、死期を悟っていた。栗山善助に長政の補佐をするよう頼む。

そして、栗山善助には「葬式に金をかけないこと。仏事に専念することがないように。国を治め、民を安んじよ」と命じた。「それが私への手向けだ。殉死などせぬように」

官兵衛は「私は辰《たつ》の刻に死ぬ」と言い、予告どおり、辰の刻に死んでしまった。享年59。

●死んでも迷わないつもりだ

官兵衛の辞世の歌はこれだ。

おもいおく　言の葉なくて
ついに行く　道はまよわじ
なるにまかせて

言い残す言葉はないが、ついに死ぬことになった。道は迷わないだろう。なるにまかせても。という悟った言葉だ。遺骸は崇福寺《そうふくじ》に納められた。官兵衛の法名は「龍光院如水円清居士」だ。

●秀忠から香典が届く

徳川秀忠《ひでただ》は官兵衛の訃報を耳にすると、銀子200枚を香典として送る。長政は家康に官兵衛の遺品として、備前長光《びぜんながみつ》の刀と茶入れを送った。

官兵衛は長政には膨大な『黒田如水教諭』を書き残した。国を治める奥義が書かれているのだ。

官兵衛は
自分の死期を悟っていた
善助
葬式に
金を使うな
仏事に
専念することが
ないように
国を治め
民を安んじよ
ワシは
辰*の刻に死ぬ
*午前8時くらい

慶長9年（1604）3月20日
予言通り辰の刻に死んだ
おもいおく
言の葉なくて
ついに行く
道はまよわじ
なるにまかせて

長政には膨大な
書簡を残した
黒田如水教諭
黒田如水教諭

Column

猛将列伝 9

岩見《いわみ》 重太郎《じゅうたろう》

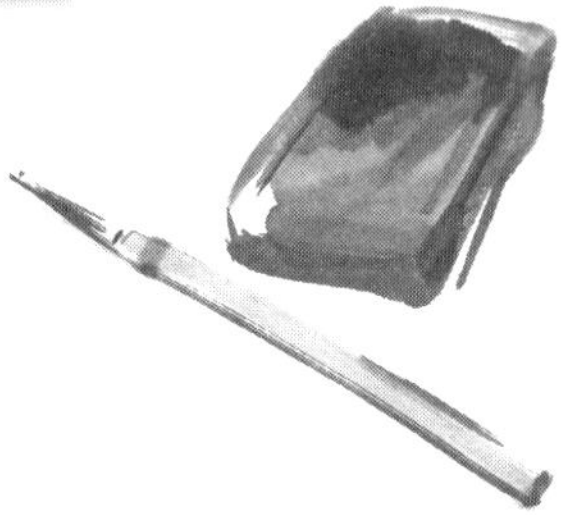

父は小早川隆景の剣術指南

岩見重太郎は小早川隆景《たかかげ》の剣術指南者・岩見重左《じゅうざ》衛門《えもん》の次男として生まれる。

若いころは体が弱く、父から「体ができてないうちに剣術の修行をすると、体を損なう」と言われ、なかなか本格的な修行をさせてもらえなかった。

そこで、重太郎は山に籠って木の実を食い、動物や木々を相手に自分で修行を始める。そこに謎の老人が現れ、兵法や剣術を教えてもらう。

重太郎はメキメキ強くなり、父はビックリした。

また、武者修行に出た際の武勇伝が多い。山の中でヒヒ猩々と出会い、これを討ち払う。大ウワバミも胴切りにした。あるときは、天橋立で親の敵と会い、敵討ちを果たした。

叔父の薄田《かまた》七左衛門《しちざえもん》の養子になり、のちに薄田隼人と名乗る。

あるとき大坂で凶作に苦しまないようにとお祓いが行われていた。6年続けて、神に人身御供を差し出すというのだ。

重太郎は「人を苦しめるのは神ではない」と、人身御供を助ける。結局、凶作は起こらなかった。

大坂の陣では、夏の陣の道明寺の戦いで、後藤又兵衛と「ともに戦おう」と約束する。ところが、約束の時間に霧が発生した。

重太郎はなかなか戦場に行けず、やっとの思いで着いたとき、わずかの差で又兵衛は戦死していたのだ。そして、重太郎も家康の家臣に討たれてしまった。

第10章

官兵衛の生き方

――戦わずに勝つ。戦ったら勝つ。そのために考える

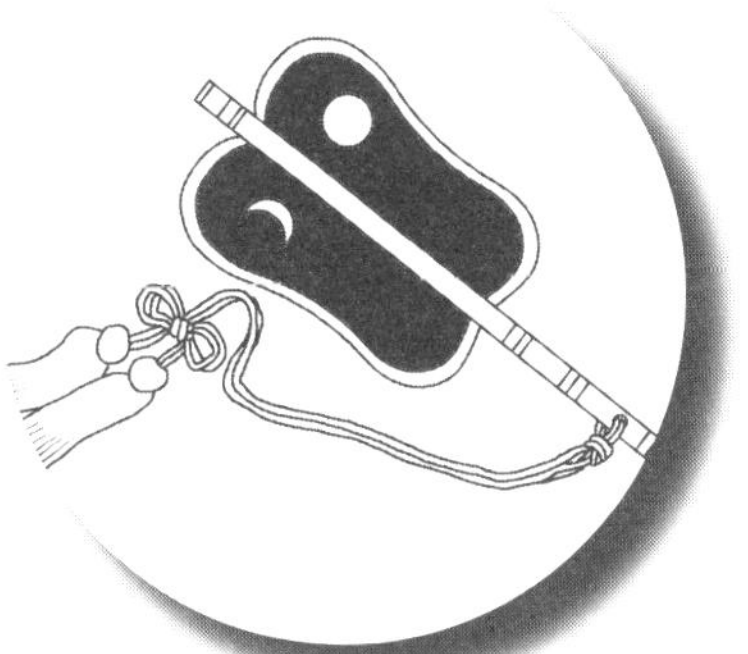

86

軍師は「軍配師」だった

霊力を持ち、戦いの時間や場所を決めた

●軍師は宗教家だ

はじめの方でも述べたが戦国時代の「軍師」とは「軍配師（占いをする軍師）」だった。いつ、どこで戦いをするか、陣の位置や軍の方向、どこからどこへ攻めるか。その吉凶を判断したのだ。

さらに宗教家でもあり、現在の相撲と同じように「いつ戦いが終わったか」を決め、「勝ち負け」も決めたのだ。

出陣のときには縁起物を並べ、戦勝を祈り、勝って終わったときには「何対何でこちらの勝ち」と決めるのが仕事だ。

ほかの軍師の仕事には首実検がある。取った武将のクビを近くの寺に並べ、恩賞を決める。またクビが祟《たた》ることを恐れ、お経を上げ、除霊をする。これらの仕事内容から自然と軍師には宗教家が多かった。

徳川の南光坊《なんこうぼう》天海《てんかい》、今川の太原崇孚《たいげんすうふ》、毛利の安国寺《あんこくじ》恵瓊《えけい》など、みな宗教家だ。山本勘助《やまもとかんすけ》も宗教家だったらしい。ある種の霊力を持っていたと言われる。

●官兵衛は「参謀」でもなかった？

軍師といえば基本的に「作戦参謀」だ。策を練るが現場で戦うことは少ない。ただし官兵衛や竹中半兵衛は武将なので、作戦を立てるだけでなく、実際に戦いにも参加した。

官兵衛＝軍師（実戦に参加しない）というイメージがあるが、秀吉の脇にいてただ作戦を立てるだけではなく、四国攻めや九州攻めでも、先鋒をつとめた。これを強みに多くの勝利をあげることができたのではないか。「先のりの軍艦」だった。

また、朝鮮出兵のときは軍監（お目付役）として渡海した。参謀とか軍師というのは、やや官兵衛のイメージを狭めている。

幕閣にいて、考えるだけの「宗教家」とも違う。戦場を駆け抜けた武将なのだ。

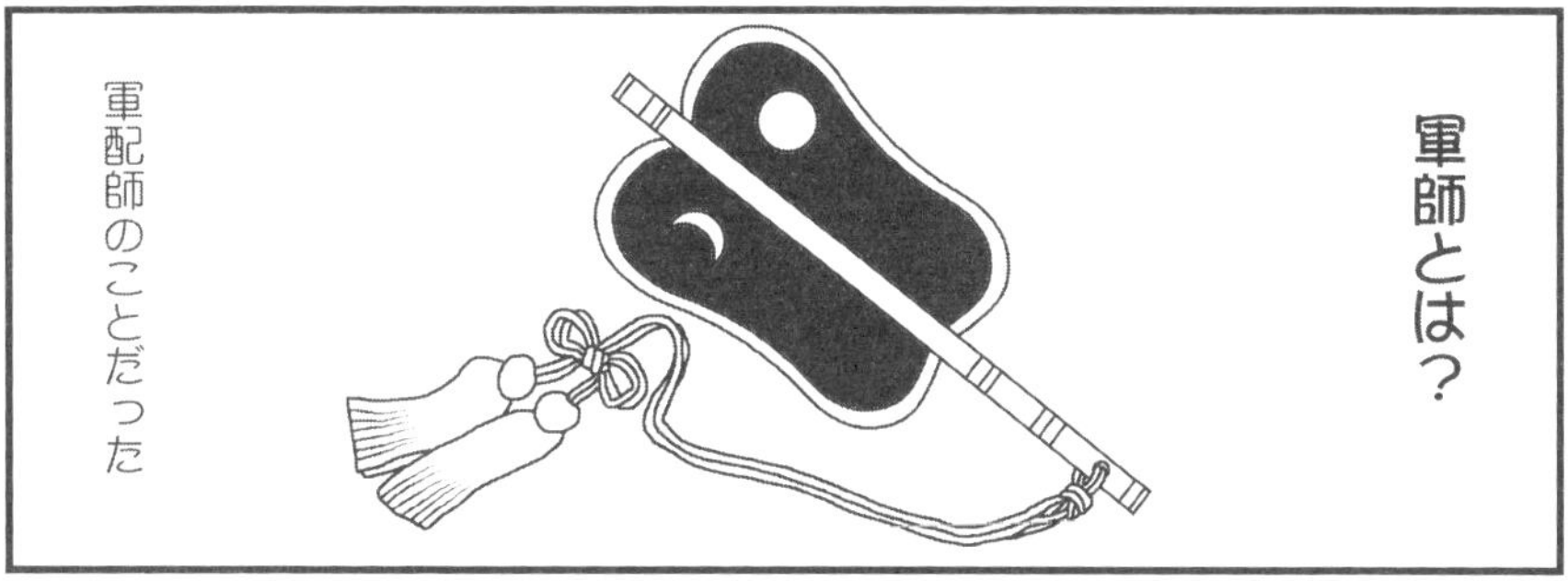
軍師とは？
軍配師のことだった

占い師でもあり宗教家でもあった
いつ戦うか？陣の位置は？軍の方向は？
吉凶
お祓い〜
首実検もしたクビはたたるのだ

官兵衛は秀吉の側で常に作戦をたてたがみずから先鋒になることもあった
官兵衛＝軍師ではない戦場を駆け抜ける武将でもあったのだ

87 戦わず勝つことが最上の策だ

勝ちのイメージを確信することが大事だ——

●戦わず勝つことが大事

竹中半兵衛は「戦いは知るものであって、するものではない」と言った。孫子の兵法でも「戦わずに勝つのが最上の策。戦って勝つのがふつうの策」と言っている。

賤ヶ岳で「2度目の大返し」の際、秀吉は「この戦いは勝ったぞ」と叫んだ。先に「勝ちのイメージ」をつくることが大事だ。

実際の戦いは「その確認」であり、半兵衛のいう「知るもの」なのだ。

●大将のクビだけが目的だ

天下を取るまでの秀吉の戦い方は、とにかく大将のクビが取れればいい、というものだった。多くの城の城兵はほとんど農民だ。農民あがりの秀吉はあまり皆殺しをしない。最終的に「大将のクビ」さえ取ればいいのだ。

戦において「大将のクビ」を取ることは勝利の証しだったが、官兵衛は長宗我部《ちょうそかべ》元親《もとちか》や島津《しまづ》義久《よしひさ》を旧領安堵《きゅうりょうあんど》して、自分の味方につけた。官兵衛が秀吉とウマが合ったのは、戦い方が似ていたからだろう。

織田信長は用意周到に戦いの準備をするが、最後は力攻めだ。敵と見なしたらみな殺してしまう戦い方だ。

●城を孤立させて落とす

戦力を消耗させずに城を落とすには、目的の城を孤立させることだ。通常城の周りには支城がたくさんある。これは城が攻められたときすぐに援軍を出して挟み撃ちにするためだ。官兵衛は、まずそうした小さい支城の城主を調略《ちょうりゃく》によって陥落させることが多かった。周りをつぶすことで動きを封じるのだ。少々回りくどくも感じるが、兵力をできるだけ削がずに勝つ方法と言えよう。

孫氏の兵法
戦わずに勝つのが最上の策
戦いは知るものだするものではない
竹中半兵衛

官兵衛の戦いはやる前に勝っている「知るもの」なのだ

敵の大将のクビを取ればいい力攻めはいらない
秀吉と考え方が似ているだから秀吉に仕えたのだ
信長と対称的だ
皆殺しだ～

88 生きることが大事だ 家臣を手討ちにしてはいけない

●生きることが大事だと説く

この時代武士は戦争で戦って死ぬ、負けを覚悟して腹を切るなど、みじめに生きながらえるより死ぬことが美徳とされていた。

しかし官兵衛は生きることを大事にした。土牢に1年以上も閉じ込められ、生き続けたことが、この考えのきっかけとなったかもしれない。

またずっとあとになるが、キリシタンになったことも大きいだろう。キリシタンは自殺を禁じている。「生き抜くこと」を大事にしていたのだ。

官兵衛は、家臣たちにも「命を大切にしろ」と言った。さらに「家臣を手討ちにするということは大変なことだ。それほど重大な犯罪を起こさないように指導してやることが大事だ」と言った

官兵衛は生涯1度も家臣を死罪にしたことがない。死ぬ間際にも、家臣たちに殉死を禁じている。

●ワシの得手は采配を取ることだ

賤ヶ岳の戦いのときだ。加古川城主・糟谷武則《かすやたけのり》が官兵衛に聞いた。「そちの武名は隠れもない。なのに敵将のクビを取ったとか、軍旗を奪ったなどという手柄話がない。どうしたことか？」

官兵衛は「人には得手不得手がある。ワシは槍を振り回したり、刀をとって人と渡り合うのは不得手だ。しかし、采配をとって1度に多くの敵を討ち取るのは得手なのだ。よくご存知だろう」と言ってのけた。

●張良《ちょうりょう》に倣《なら》った

官兵衛は中国の張良を尊敬していた。張良は劉邦《りゅうほう》の軍師だ。

張良は劉邦が天下を取ったとき、早々と隠居する。保身の意味もあった。それにならってかはわからないが、官兵衛も秀吉が天下を取ったときには隠居しようとしたのだ。

官兵衛は土牢に1年も閉じ込められた
命を大事にしろ
生き抜くことを大事に考える官兵衛は一度も家臣を死罪にしていない自分が死ぬときも殉死を禁じた
わしは刀や槍を振り回すことは不得手だが
一度に多くの敵を調略するのは得手なのだ

89

人は金で動くのだ

報酬は前払い。終わったあとに出来高払い

●人は金で動くのだ

官兵衛は常々、「人は金で動く」と言った。九州攻めのとき、官兵衛は「前払い」で給金を渡した。一気に3000人の兵を集めることに成功したのだ。

関ヶ原の戦いが1日で終わったとき、官兵衛は「もっと長く戦っていれば、みなに報酬をもっと出せたのに」と嘆いたという。つまり、雇用対策でもあったのだ。

また備中高松の水攻めのとき、どうやって短期間で石や土を集められたのか？　それは「土や石を運べば、金を払う」と言ったからだ。金の代わりに米を出したこともあった。みなこぞって石や土を運んだ。

父が目薬屋で儲けた金で家臣を募ったのを知っていた官兵衛は、そこで「人は金で動く」と知ったのであろう。

官兵衛が築城術に長けていたと言われるのは「人の管理術」がうまかったことも大きい。報酬をきちっと出すことが成功のカギといえる。

●威厳が大事だ。賞罰をはっきりさせる

官兵衛は「大将は理非賞罰をハッキリしなければならない。そうすれば、おのずから万民に愛され、上をあなどり、法を軽んじるものがいなくなる」と言った。

また「大将は威厳がなくてはならぬ。威厳がないと、万民への抑えがきかない。しかし、これを誤解して威張ってばかりでは、家を滅ばし、国を失う」と考えていた。

●民を大事にしろ

官兵衛はあまり「火攻め」をしなかった。火攻めは民家に及ぶ危険がある。

しかも作物の収穫が終わる頃を見計らって戦をする。領民を大事にしたのだ。

官兵衛は「民を安んじろ」と家臣に言い聞かせた。

秀吉は農民上がりだ。官兵衛の思いを汲んで作戦を採っていたかもしれない。

官兵衛は人心掌握にたけていた
人は金で動く

給金は前金だ
わい わい
一気に兵が集まった

大将は威厳が大事だ
理非賞罰をハッキリさせよ そうすれば おのずから万民に愛される
民を大事にしろ

90 官兵衛の生き方に学ぶ

水のごとく生きる人だった

●周りが光る人だ

本人も言うように官兵衛は「槍働きではなく、策によって多くの敵に勝つ」のが得意だ。だからといって、作戦を練るだけではないれっきとした武将だ。

竹中半兵衛、蜂須賀小六、小早川隆景、高山右近、山中鹿之介、栗山善助、後藤又兵衛……官兵衛の周りには光る武将が多くいる。

単なるナンバー2でもなく、補佐役でもない。もし、もっと早く生まれ、信長や信玄など同じ世代なら、天下を取っていたかもしれない。

●つい真似たくなる作戦だ

兵法には「敵を追いつめない」とか「兵は詐術だ」とある。官兵衛はそれを実践した。

備中高松城の水攻めは見事だった。小田原攻めのとき、石田三成は忍城の成田氏親を水攻めにする。最終的に落とせなかったが、官兵衛の真似だ。

徳川家康は関ヶ原の戦いのとき、石田三成のいる大垣城を水攻めにしようと企んだ。「水攻めはこうやるんだよ」という心もある。官兵衛の水攻めがあまりにも見事で、みな真似したくなるのだ。

しかし家康は長期戦を避け、野戦による短期決戦を好んだ。攻城戦は苦手で、野戦が得意だったのだ。

水攻めは実行寸前までいったものの、実行されなかった。

●水のごとく生きる

官兵衛の出家後の名前・如水《じょすい》とは、キリスト教のジョシア（モーゼの弟子）からつけたという。さらに老子の「水は方円の器にあう」にもかけている。柔よく剛を制す。流水先を争わず。水のごとく生きる。それで、相手に勝つのだ。

兵法より、生き方の手本として偉大な人物だった。

官兵衛は戦国武将の中では
地味な存在だ
しかしその作戦は
鮮やかでマネをしたくなる
如水とはキリスト教の
ジョシア（モーゼの弟子）から
つけたといわれる
老子の「水は方円の器にあう」にも
かけている
流水先を争わず
水のごとく生きる
生き方として手本にしたい
偉大な人だった

年号	出来事
天文15年（1546）	1歳　11月29日（12月とも）官兵衛が姫路城で生まれる
永禄4年（1561）	16歳　元服して、「小寺官兵衛孝高」と名乗る
永禄10年（1567）	22歳　「幸圓」と結婚する。父は隠居して家督を継ぐ
永禄11年（1568）	23歳　松壽丸（長政）が生まれる
天正3年（1575）	30歳　織田信長に会う
天正4年（1576）	31歳　英賀合戦。兵500で毛利軍に勝つ（天正5年説もある）
天正5年（1577）	32歳　松壽丸を人質に出す。秀吉が中国攻めのため下向。姫路城を差し出す
天正6年（1578）	33歳　別所長治の謀反のため、三木城を攻める。さらに荒木村重が謀反 官兵衛は荒木の奸計のため、土牢に閉じ込められる
天正7年（1579）	34歳　荒木村重の居城有岡城陥落。官兵衛は助けられる。有馬の湯で静養する
天正8年（1580）	35歳　三木城陥落
天正9年（1581）	36歳　鳥取城、兵糧攻め。淡路島を攻略する
天正10年（1582）	37歳　本能寺の変。中国大返し。山崎の戦いで明智光秀を破る
天正11年（1583）	38歳　キリシタンになる（天正13年説もある）
天正12年（1584）	39歳　毛利と境界線の折衝をする
天正13年（1585）	40歳　四国征伐
天正14年（1586）	41歳　九州征伐
天正15年（1587）	42歳　豊前6郡を賜る
天正16年（1588）	43歳　領内の一揆を解決する

天正17年（１５８９）	44歳	宇都宮鎮房を誅伐する。隠居して家督を長政に譲る
天正18年（１５９０）	45歳	小田原城を征伐する
天正19年（１５９１）	46歳	名護屋城の縄張りをする
文禄元年（１５９２）	47歳	文禄の役
文禄２年（１５９３）	48歳	出家して如水と名乗る
慶長３年（１５９８）	53歳	秀吉が死ぬ
慶長５年（１６００）	55歳	関ヶ原の戦い。石垣原の合戦
慶長９年（１６０４）	59歳	死去

参考文献

『歴史読本』２０１３年５月号（中経出版）
『黒田如水のすべて』（安藤英男・新人物往来社）
『歴史人』２０１３年７月号（ベストセラーズ）
『反逆』（遠藤周作・講談文庫）
『播磨灘物語』（司馬遼太郎・新潮文庫）
『軍師の境遇』（松本清張・角川文庫）
『黒田如水』（吉川英治・講談社文庫）
『後藤又兵衛』（黒部　亨・ＰＨＰ文庫）
『山中鹿之介』（星　亮一・ＰＨＰ文庫）
『明石掃部の謎』（小林久三・ＰＨＰ研究所）
『白痴・二流の人』（坂口安吾・角川文庫）
『新・日本名刀１００選』（佐藤寒山・秋田書店）
『黒田官兵衛　鮮烈な生涯』（普遊舎）

■著者略歴
津田　太愚（つだ　たいぐ）

上智大学卒。専門はドイツ哲学（カント『純粋理性批判』）。在学中より、神秘学、神話学、宗教学、心理学、哲学、民俗学を学ぶ。歴史、民間伝 承、占い、人間関係、人生論、心理を楽しく、わかりやすく書くことをモットーとしている。著書『新島八重ことがマンガで３時間でわかる本』『＜平清盛＞のことがマンガで３時間でわかる本』『ドラッカーのマネージメントがマンガで３時間でわかる本』『坂本龍馬のことがマンガで３時間でわかる本』『三国志の＜兵法＞のことがマンガで３時間でわかる本』『戦国武将のことがマンガで３時間でわかる本』明日香出版社／『エゴグラム入門』イースト・プレス／『世界の神さまがわかる本』グラフ社／『気疲れしない生き方』実務教育出版／『366日おもしろ雑学』実務教育出版／『糖尿病とつきあう逆転発想法』曜曜社／『催眠コミュニケーション』ウィーグルなど。

■マンガ
つだ　ゆみ

愛媛県出身。広島大学文学部卒。時事ネタマンガ、雑学マンガ、似顔絵が得意分野。池袋コミュニティカレッジで古事記講座の講師もしている。著書『夢の超特急ひかり号が走った』『わかる古事記』（文：村上ナッツ）西日本出版社／『オレたちにも打たせてくれ！』（原作：大越俊夫）イースト・プレス／『新島八重ことがマンガで３時間でわかる本』『スティーブ・ジョブズのことがマンガで３時間でわかる本』『＜平清盛＞のことがマンガで３時間でわかる本』『坂本龍馬のことがマンガで３時間でわかる本』『戦国武将のことがマンガで３時間でわかる本』『三国志の＜兵法＞のことがマンガで３時間でわかる本』明日香出版社／『マンガ6000人を一瞬で変えた一言』（原作：大越俊夫）サンマーク出版など。
http://tsuda-yumi.jp/

本書の内容に関するお問い合わせ
明日香出版社　編集部
☎(03) 5395-7651

黒田官兵衛《くろだかんべえ》のことがマンガで３時間《じかん》でわかる本《ほん》

2013年　10月　19日　初版発行

著　者　津《つ》田《だ》太《たい》愚《ぐ》
発行者　石野栄一

明日香出版社
〒112-0005 東京都文京区水道 2-11-5
電話 (03) 5395-7650（代表）
(03) 5395-7654（FAX）
郵便振替 00150-6-183481
http://www.asuka-g.co.jp

■スタッフ■　編集　早川朋子／久松圭祐／藤田知子／古川創一／田中裕也／余田志保
営業　小林勝／奥本達哉／浜田充弘／渡辺久夫／平戸基之／野口優／横尾一樹／関山美保子
総務経理　藤本さやか

印刷　株式会社文昇堂
製本　根本製本株式会社
ISBN 978-4-7569-1652-5 C2021

編集担当　末吉喜美

黒田官兵衛その生涯

不破　俊輔／1500円+税

豊臣秀吉の参謀として、秀吉を天下人に押し上げた稀代の軍師として知られています。「天下を狙える器」をそなえたといわれる黒田官兵衛、その生涯に迫ります。

改訂版　中国のことがマンガで3時間でわかる本

中国経済に関する基本的な知識や、実際にビジネス進出を考える人へのアドバイスを掲載。現地での経営と中国ビジネスとの付き合い方を見開き片面マンガ展開で解説。

定価 1365 円　A5 並製　〈216 ページ〉
08/04/08 発行 978-4-7569-1180-3

箕 武雄
馬成三

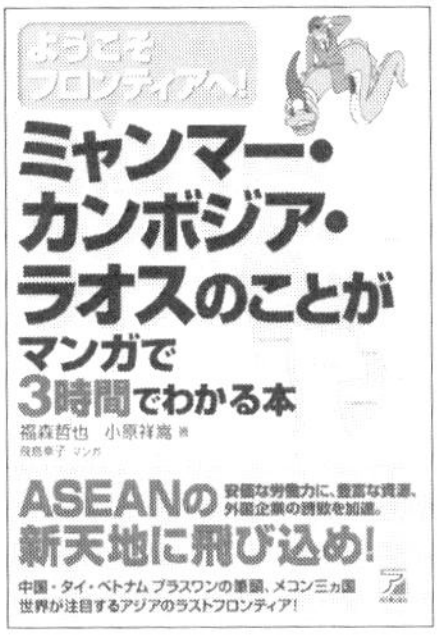

ミャンマー・カンボジア・ラオスのことがマンガで3時間でわかる本

中国からタイ、ベトナムへ製造基地を移してきたメーカーが新たな進出先として注目しているのがミャンマー・ラオス・カンボジア。新たなビジネス市場のチャンスを探る。

定価 1680 円　A5 並製　〈208 ページ〉
12/05/17 発行 978-4-7569-1541-2

福森 哲也
小原 祥嵩

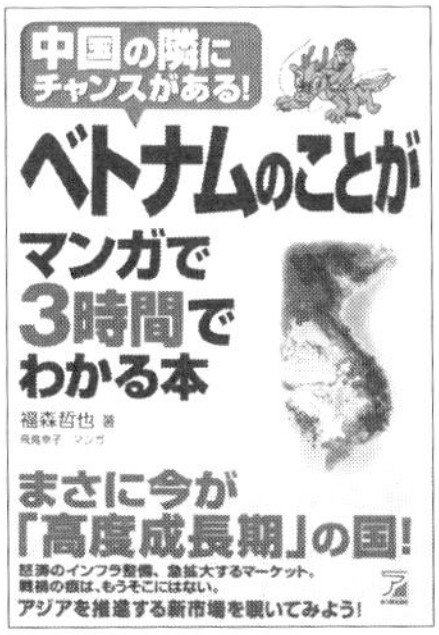

ベトナムのことがマンガで3時間でわかる本

チャンスあふれる国として常に名前が挙がる新興国、ベトナム。その急成長の秘密と実際、深い理解に不可欠な歴史知識、魅力あふれるビジネスと人の今をわかりやすい文とマンガの見開き展開でざっくり紹介する。

定価 1680 円　A5 並製　〈208 ページ〉
10/11/19 発行 978-4-7569-1415-6

福森 哲也

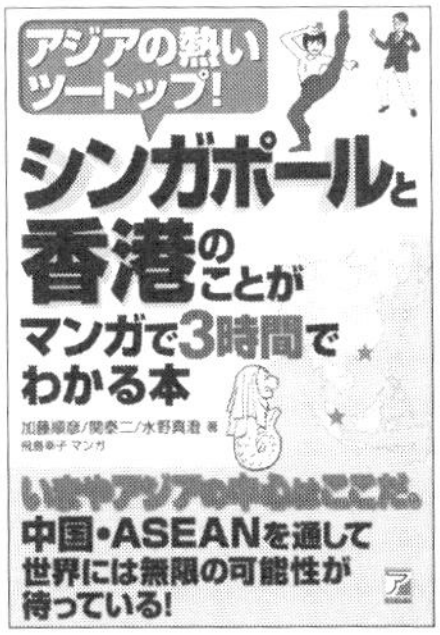

シンガポールと香港のことがマンガで3時間でわかる本

アジアで異質な存在感を放つ国際都市シンガポール・香港。各国企業のアジアの統括拠点が集まり、グローバル化に遅れた日本からも進出を狙う若い企業が続出している。2 都市の魅力と違いを説き、次の一手を打ちたい日本のビジネスマンの海外進出入門本になる。

定価 1680 円　A5 並製　〈176 ページ〉
13/02/20 発行 978-4-7569-1607-5

加藤 順彦／関 泰二
／水野 真澄

インドのことがマンガで3時間でわかる本

次なるIT大国として、世界を凌駕する生産基地として、また新しい巨大市場として注目を浴びるインドの経済とビジネス最先端の情報、魅力ある人々や文化を徹底解説！
読んでおもしろい、役に立つ情報満載。

定価 1575円　A5並製〈228ページ〉
06/01/31 発行 4-7569-0945-0

関口 真理：編

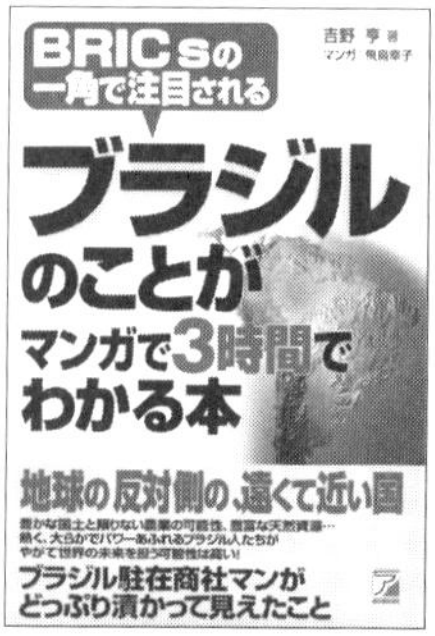

ブラジルのことがマンガで3時間でわかる本

地球の裏側の国・ブラジルについて、どれだけ私たちが知っているだろうか？　肥沃な土地と隠された民力とで、2050年の世界の中心となる可能性も高いブラジルを、駐在員の生きた目で読み解く！

定価 1575円　A5並製〈192ページ〉
06/05/31 発行 4-7569-0978-7

吉野 亨

中東のことがマンガで3時間でわかる本

オイルマネーに湧く中東。いまや世界の経済に大きな影響を与えている。日本企業の進出も顕著だ。にもかかわらず、メディアに専門家は少なく、情報が入りにくい中東の現状をマンガとわかりやすい文章で解説する。

定価 1680円　A5並製〈192ページ〉
08/08/05 発行 978-4-7569-1215-2

ハッジ・アハマド・鈴木

イスラムのことがマンガで3時間でマスターできる本

イスラム原理主義、タリバン……私たち日本人にとって遠い存在のイスラムについて、日本人イスラム教徒の著者がわかりやすい文とマンガ（イスラム教は偶像崇拝禁止なので本来マンガ化しにくい）で解説する。

定価 1575円　A5並製〈232ページ〉
02/12/31 発行 4-7569-0602-8

ハッジ・アハマド・鈴木

おさらい3時間！ 日本史のイロハ

2012年4月から中学でゆとり教科書に代わり10年振りに改訂された中学校の教科書をすべて入手。その教科書ではどのように解説されているのか、昔と現在のちがいがわかります。

定価 1470円　B6 並製　〈240 ページ〉
12/09/15 発行 978-4-7569-1577-1　大迫 秀樹

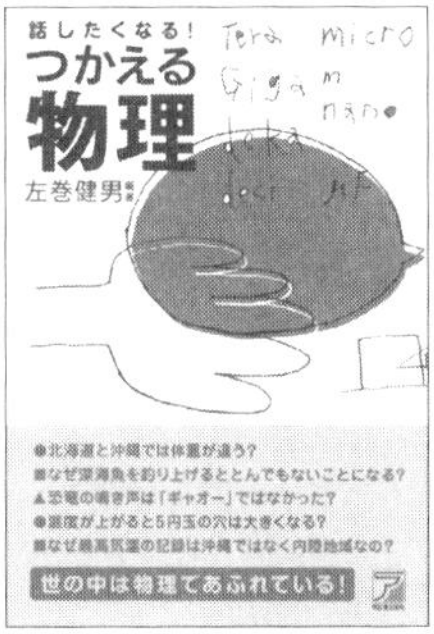

話したくなる！つかえる物理

大人も学生も楽しく読めて勉強になる、物理が身近に感じられる1冊です。知っているようで知らない物理の基礎や有名な法則を身近な事例を交えながら解説。全部で50個の法則が登場します。

定価 1575円　B6 並製　〈224 ページ〉
13/02/14 発行 978-4-7569-1596-2　左巻 健男

NLPのことがよくわかり使える本

ＮＬＰに興味を持った人が身近に感じ、活用できることを第一にした本。ＮＬＰの創始者であるグリンダー博士の公式代理人だから書ける、正しくわかりやすい教科書。

定価 1680円　A5 並製　〈200 ページ〉
13/01/23 発行 978-4-7569-1605-1　松島 直也

今日から子どもと心がかよう魔法のことば

子どもがどう育つかは、子どもとどう接し、どう声かけするかにかかっています。子どもが勝手にグングン育つ、コミュニケーションの手法を、現役私立中学校の人気教師が全公開。驚きの視点が満載です！

定価 1365円　B6 並製　〈200 ページ〉
13/03/21 発行 978-4-7569-1614-3　木下 山多

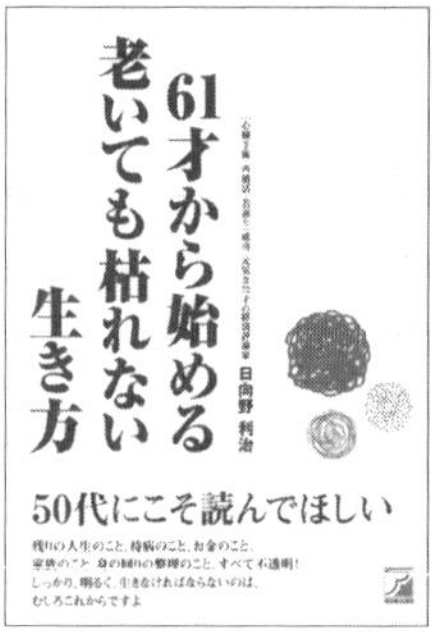

61 才から始める
老いても枯れない生き方

「定年退職、あとは枯れるだけ？　私は間違っていました」。老いに抗わず、しおれず、若い世代や家族への負担・迷惑を最少に、そんな「老いても枯れない」生き方のルールとヒントがいっぱい。60 代はもちろん 50 代にも読んでほしい。

定価 1575 円　B6 並製　〈244 ページ〉
12/06/20 発行 978-4-7569-1557-3

日向野 利治

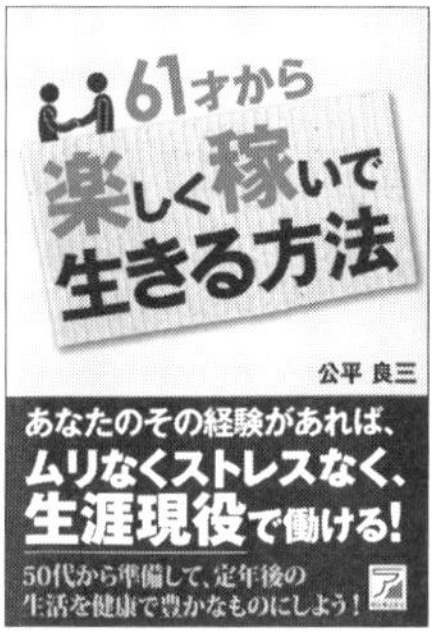

61 才から楽しく稼いで生きる方法

70 歳を過ぎた今でも、ｉPad2 を愛用し、日米で仕事をしている著者が定年後の仕事のしかたをアドバイス。定年前の準備のしかた、仕事の選び方＆進め方、生活のしかた、健康法そしてパソコン術など、経験に根ざしたノウハウを教示。

定価 1575 円　B6 並製　〈232 ページ〉
13/03/15 発行 978-4-7569-1616-7

公平 良三

58 歳からはじめる定年前後の段取り術

サラリーマンとして 40 年。仕事からまったくフリーになる第二の人生をどう生きるかのダンドリを考えておくことが重要だ。元気だから仕事をするか。趣味や悠々自適の生活を送るか。お金は？　健康は？　等身大の悩みや疑問に答える。

定価 1680 円　B6 並製　〈304 ページ〉
12/08/22 発行 978-4-7569-1568-9

山見 博康

iPad でヨーロッパひとり旅を
10 倍愉しんだ私の方法

一部のツアーパックが絶好調だが、一方で個人がチケットやホテル、レストランまで予約して海外旅を愉しむ動きも加速中。50 代女性のヨーロッパ 1 か月 1 人旅のノーハウ！

定価 1470 円　B6 並製　〈224 ページ〉
12/11/21 発行 978-4-7569-1591-7

中島 美佐穂

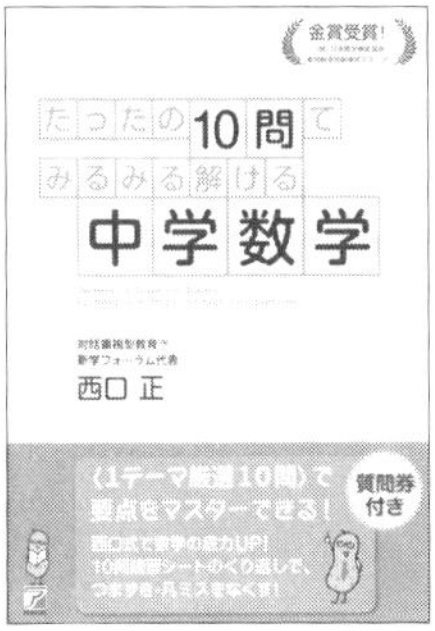

たったの10問で みるみる解ける中学数学

10問集中ユニットを集中してくり返し練習することで、ひとつひとつのテーマを徹底的に身に付け、理解力を高められます。応用問題などに対応するための数学の底力がつきます。

定価1155円　B5並製　〈112ページ〉
12/08/28発行 978-4-7569-1561-0　西口 正

たったの10問で中学数学の つまずきやすいところがみるみるわかる

中学数学でわからなくなるところ、つまずきやすいところに的を絞ってわかりやすく解説。1テーマ10問ずつ解いていくことで、集中力を切らさずに継続でき、間違いやすいポイントを克服できる。

定価1365円　B5判　〈128ページ〉
13/06/21発行 978-4-7569-1627-3　間地 秀三

中学3年分の数学が14時間で マスターできる本

中学数学くらい子供に教えてやりたいと思うお父さん、もう一度簡単に数学を復習してみたい人、マイナスや比例がさっぱりわからない人へ。中学3年分の数学のポイントだけをわかりやすく解説した本。

定価1223円　B6並製　〈224ページ〉
92/12/18発行 4-87030-573-9　間地 秀三

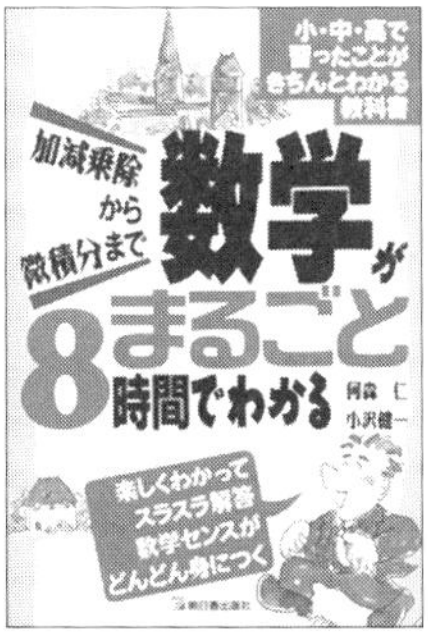

数学がまるごと8時間でわかる

小学校から高校までの算数・数学のほとんどのことがこの1冊でわかってしまう。どこからでも気軽に読めてしっかり力がつく、学校の先生もビックリ!な本。

定価1223円　B6並製　〈240ページ〉
94/11/28発行 4-87030-750-2　何森 仁　小沢 健一

小学６年分の算数が面白いほど解ける65のルール

小学校で習う算数の大事なポイントを65のルールでおさえていきます。わかりやすいイラストと、解き方を示すルールで、算数が苦手なお子さんはもちろん大人のやり直しとしても最適な１冊です！

定価1155円　B6並製　〈232ページ〉
11/03/20発行　978-4-7569-1446-0

間地 秀三

中学３年分の数学が面白いほど解ける65のルール

中学数学で大事なところを、落ちこぼれを救ってきた著者のノウハウ、解き方のコツをルール形式でわかりやすく解説。数学が苦手な学生さん、また大人のやり直し数学に！

定価1260円　B6並製　〈248ページ〉
11/08/22発行　978-4-7569-1484-2

平山 雅康

中学で習う数学が６時間でわかる本

通勤・通学の60分で、中学で習う数学のつまずきポイントである方程式、因数分解、関数がすらすら解け、すっきりわかる！　堅くなった頭をやわらかくしたいおとなもそして苦手ポイントをマスターしたいお子さんにもオススメの１冊！

定価1260円　B6並製　〈224ページ〉
11/06/20発行　978-4-7569-1474-3

平山 雅康

高校１年の数学［数Ⅰ・数A］が10時間でわかる本

展開と因数分解から、2次関数、2次方程式、三角関数、等式・不等式の証明などについて、教科書や学参とはひと味違ったユニークな解説が特徴。行き詰まった高校生、思い出したい大人に最適の１冊。

定価1365円　B6並製　〈216ページ〉
12/03/30発行　978-4-7569-1536-8

間地 秀三